四特 教育系列丛书 SITE JIAOYUXILIECONGS

U0695805

景物描写阅读指导

《"四特"教育系列丛书》编委会 编著

吉林出版集团股份有限公司

全国百佳图书出版单位

图书在版编目（CIP）数据

景物描写阅读指导／《"四特"教育系列丛书》编委会编著．—长春：吉林出版集团股份有限公司，2012.4
（"四特"教育系列丛书／庄文中等主编．学生阅读与作文方法指导）
ISBN 978-7-5463-8709-3

I.①景… II.①四… III.①阅读课－中小学－教学参考资料 IV.① G634.333

中国版本图书馆 CIP 数据核字（2012）第 044007 号

景物描写阅读指导

JINGWU MIAOXIE YUEDU ZHIDAO

出 版 人	吴 强
责任编辑	朱子玉 杨 帆
开 本	690mm×960mm 1/16
字 数	250 千字
印 张	13
版 次	2012 年 4 月第 1 版
印 次	2023 年 2 月第 3 次印刷

出 版	吉林出版集团股份有限公司
发 行	吉林音像出版社有限责任公司
地 址	长春市南关区福祉大路 5788 号
电 话	0431-81629667
印 刷	三河市燕春印务有限公司

ISBN 978-7-5463-8709-3　　　　定价：39.80 元

前　言

　　学校教育是人一生中所受教育最重要组成部分,个人在学校里接受计划性的指导,系统地学习文化知识、社会规范、道德准则和价值观念。学校教育从某种意义上讲,决定着个人社会化的水平和性质,是个体社会化的重要基地。知识经济时代要求社会尊师重教,学校教育越来越受重视,在社会中起到举足轻重的作用。

　　"四特教育系列丛书"以"特定对象、特别对待、特殊方法、特例分析"为宗旨,立足学校教育与管理,理论结合实践,集多位教育界专家、学者以及一线校长、老师们的教育成果与经验于一体,围绕困扰学校、领导、教师、学生的教育难题,集思广益,多方借鉴,力求全面彻底解决。

　　本辑为"四特教育系列丛书"之《学生阅读与作文方法指导》。

　　阅读能力被著名教育家苏霍姆林斯基称之为学习技能的五把刀子之一,它不仅是语文学习能力的主要构成因素,也是训练学生的表达能力的重要途径,还是一切智力活动的基础。因此,有效阅读一直就是语文教学的核心,要提高语文能力,提升语文素养,必须加强有效阅读。

　　作文是人们交流思想和社会交际的重要工具。生活在现实社会里,无论你从事什么行业,都离不开写作,写作是人类生活的基本工具,是每一个社会成员搞好各项工作必须应具备的一种起码素质。本书从肖像、语言、行动、心理、场面、景物、静态、状物、抒情和话题等方面,为广大青少年提供了实际指导和范文阅读,使大家不仅可以学到作文的知识,还能感受到好词好句好段中所蕴含的优美意境,能够受到精神的陶冶。

　　本辑共20分册,具体内容如下:

　　1.《肖像描写阅读指导》

　　肖像描写即描绘人物的面貌特征,它包括人物的身材、容貌、服饰、打扮以及表情、仪态、风度、习惯性特点等。肖像描写的目的是以"形"传"神",刻画人物的性格特征,反映人物的内心世界。描是描绘,写是摹写。描写就是用生动形象的语言,把人物或景物的状态具体地描绘出来。这是一般记叙文和文学写作常用的表达方法。本书针对学生如何高效阅读肖像描写类文章进行了系统而深入的分析和探讨,并给予了切实的指导,对中小学生颇有启发意义。

　　2.《语言描写阅读指导》

　　语言描写是塑造人物形象的重要手段。成功的语言描写总是鲜明地展示人物的性格,生动地表现人物的思想感情,深刻地反映人物的内心世界,使读者"如闻其声,如见其人",获得深刻的印象。本书针对学生如何高效阅读语言描写类文章进行了系统而深入的分析和探讨,并给予了切实的指导,对中小学生颇有启发意义。

　　3.《行动描写阅读指导》

　　行动描写是刻画人物的手法之一,是塑造人物的主要手段。行动是人物思想性格的直接表现,因此,人物的行动描写就要善于抓住人物具有特征性的动作,从而展示人物的精神面貌,反映人物的性格特征,塑造出个性鲜明的人物形象。本书针对学生如何高效阅读行动描写类文章进行了系统而深入的分析和探讨,并给予了切实的指导,对中小学生颇有启发意义。

4.《心理描写阅读指导》

心理描写是指在文章中,对人物在一定的环境中的心理状态、精神面貌和内心活动进行的描写。是作文中表现人物性格品质的一种方法。最常用的是描写人物的内心独白,写出人物的所思所想,让人物一无遮掩地吐露自己的心声,说出他的欢乐和悲伤、矛盾和愁郁、忧虑和希望,使读者穿透人物外表,看到人物的内心世界。本书针对学生如何高效阅读心理描写类文章进行了系统而深入的分析和探讨,并给予了切实的指导,对中小学生颇有启发意义。

5.《场面描写阅读指导》

场面描写,就是对一个特定的时间与地点内许多人物活动的总体情况的描写。它往往是叙述、描写、抒情等表述方法的综合运用,是自然景色、社会环境、人物活动等描写对象的集中表现。场面描写要表现出一种特定的气氛要综合运用记叙、描写、抒情、议论等表达手段,以及映衬、象征等多种手法,这样才能使场面变成一幅生动而充满感染力的图画。本书针对学生如何高效阅读场面描写类文章进行了系统而深入的分析和探讨,并给予了切实的指导,对中小学生颇有启发意义。

6.《景物描写阅读指导》

景物描写,是指对自然环境和社会环境中的风景、物体的描写。景物描写主要是为了显示人物活动的环境,使读者身临其境。本书针对学生如何高效阅读景物描写类文章进行了系统而深入的分析和探讨,并给予了切实的指导,对中小学生颇有启发意义。本书不仅提供了学生有效阅读同范文,还提供了相应的阅读把握方法等,具有很强的系统性、实用性、实践性和指导性。

7.《风俗描写阅读指导》

风俗习惯指个人或集体的传统风尚、礼节、习性。是特定社会文化区域内历代人们共同遵守的行为模式或规范。风俗由于一种历史形成的,它对社会成员有一种非常强烈的行为制约作用。风俗描写主要包括民族风俗、节日习俗、传统礼仪等等。本书针对学生如何高效阅读风俗描写类文章进行了系统而深入的分析和探讨,并给予了切实的指导,对中小学生颇有启发意义。

8.《记叙文阅读指导》

阅读记叙文必须注意把握文章的基本要素,理清记叙的顺序以及线索,准确理解记叙中的描写议论和抒情。只有这样,才能从整体上全面把握记叙文的内容,理解作者的写作意图和文章所反映的中心思想。本书针对学生如何高效阅读记叙文进行了系统而深入的分析和探讨,并给予了切实的指导,对中小学生颇有启发意义。

9.《抒情散文阅读指导》

抒情散文主要是抒发作者对现实生活的感受、激情和意愿。抒情散文抒发的是怎样的感情,如何抒发,都与文章揭示的思想意义是否深广有极大的关系。本书针对学生如何高效阅读抒情散文进行了系统而深入的分析和探讨,并给予了切实的指导,对中小学生颇有启发意义。本书不仅提供了学生有效阅读同范文,还提供了相应的阅读把握方法等,具有很强的系统性、实用性、实践性和指导性。

10.《话题性范文阅读指导》

话题性文章一般与学生的生活实际联系的最紧密,学生应该有话可写。但由于话题比较宽泛,要出采也不容易。写作的关键在于把话题转化,或化大为小,或化抽象为具体。本书针对学生如何高效阅读话题性文章进行了系统而深入的分析和探讨,并给予了切实的指导,对中小学生颇有启发意义。

11.《肖像写作指导》

肖像描写即描绘人物的面貌特征,它包括人物的身材、容貌、服饰、打扮以及表情、仪态、风度、习惯性特点等。肖像描写的目的是以"形"传"神",刻画人物的性格特征,反映人物的内心世界。描是描绘,写是摹写。描写就是用生动形象的语言,把人物或景物的状态具体地描绘出来。本书针对学生如何提高肖像描写类作文写作水平进行了系统而深入的分析和探讨,并给予了切实的指导,对中小学生颇有启发意义。

12.《语言写作指导》

语言描写是塑造人物形象的重要手段。成功的语言描写总是鲜明地展示人物的性格,生动地表现人物的思想感情,深刻地反映人物的内心世界,使读者"如闻其声,如见其人",获得深刻的印象。本书针对学生如何提高语言描写类作文写作水平进行了系统而深入的分析和探讨,并给予了切实的指导,对中小学生颇有启发意义。

13.《行动写作指导》

行动描写是刻画人物的手法之一,是塑造人物的主要手段。行动是人物思想性格的直接表现,因此,人物的行动描写就要善于抓住人物具有特征性的动作,从而展示人物的精神面貌,反映人物的性格特征,塑造出个性鲜明的人物形象。本书针对学生如何提高行动描写类作文写作水平进行了系统而深入的分析和探讨,并给予了切实的指导,对中小学生颇有启发意义。

14.《心理写作指导》

心理描写是指在文章中,对人物在一定的环境中的心理状态、精神面貌和内心活动进行的描写。是作文中表现人物性格品质的一种方法。最常用的是描写人物的内心独白,写出人物的所思所想,让人物一无遮掩地吐露自己的心声,说出他的欢乐和悲伤、矛盾和愁郁、忧虑和希望,使读者穿透人物外表,看到人物的内心世界。本书针对学生如何提高心理描写类作文写作水平进行了系统而深入的分析和探讨,并给予了切实的指导,对中小学生颇有启发意义。

15.《场面写作指导》

场面描写,就是对一个特定的时间与地点内许多人物活动的总体情况的描写。它往往是叙述、描写、抒情等表述方法的综合运用,是自然景色、社会环境、人物活动等描写对象的集中表现。场面描写要表现出一种特定的气氛要综合运用记叙、描写、抒情、议论等表达手段,以及映衬、象征等多种手法,这样才能使场面变成一幅生动而充满感染力的图画。本书针对学生如何提高场面描写类作文写作水平进行了系统而深入的分析和探讨,并给予了切实的指导,对中小学生颇有启发意义。

16.《景物写作指导》

景物描写,是指对自然环境和社会环境中的风景、物体的描写。景物描写主要是为了显示人物活动的环境,使读者身临其境。本书针对学生如何提高景物描写类作文写作水平进行了系统而深入的分析和探讨,并给予了切实的指导,对中小学生颇有启发意义。本书除了提供各种作文的方法外,还提供了大量的好词、好段、好句供广大学生作文时参考借鉴,因此具有很强的系统性、实用性、实践性和指导性。

17.《静态写作指导》

在写物的静态时,我们要尽量去发掘这一静物的动态。如果我们要状写这些不可能有动态的物,那么,我们要去发现他们的质感和有活力的部分。如果我们抓住这些来写,那么,那些静静躺在盘子里,平平睡在盒子里的东西也会生出许多引人的魅力来。总之,我们写物的静态时,要尽量找些鲜活的因素来描上几笔,而且,这几笔往往是最最传神的。本书针对学生如何提高静态描写类作文写作水平进行了系统而深入的分析和探讨,并给予了切实的指导,对中小学生颇有启发意义。

18.《状物写作指导》

状物类作文,以"物"为描述的中心和文章的线索,或寓情于物,或托物言志,融知识性与趣味性于一体,表达文章的题旨。这是学生喜闻乐见的一种写作形式。因此,加强状物类作文的指导,既是学生的一种心理需求,也是新的课程标准的目标之一。本书针对学生如何提高状物类作文写作水平进行了系统而深入的分析和探讨,并给予了切实的指导,对中小学生颇有启发意义。

19.《抒情写作指导》

写抒情散文,重在"情"字。一篇文章要打动读者的感情,作者首先要自己动感情,把感情融注到字里行间。作家魏巍说过:"写好一篇东西,能打动人心,就要把心捧给读者。"把心捧给读者,就要吐真情,有真意,让情真意切的行文去感动读者。本书针对学生如何提高抒情散文写作水平进行了系统而深入的分析和探讨,并给予了切实的指导,对中小学生颇有启发意义。

20.《话题写作指导》

要想写好话题作文,除了审题命题外,要注意选择自己最熟悉的事情,用自己真实的感情,另外还要选择自己应用得最拿手的文体,需要注意的是,话题作文也要注意体裁的确定,虽然作文的要求是让你自由选择文体,但是你一旦选择了某种文体,就一定要体现这种文体的特点,切不可写成四不象的作文来。总之,话题作文的写作给了你发挥自己写作优势的天地,只要选择自己最擅长的去写,你就会取得不错的成绩。本书针对学生如何提高话题作文写作水平进行了系统而深入的分析和探讨,并给予了切实的指导,对中小学生颇有启发意义。

由于时间、经验的关系,本书在编写等方面,必定存在不足和错误之处,衷心希望各界读者、一线教师及教育界人士批评指正。

编者

目　录

第一章

景物描写写作指导

1. 什么叫景物描写

景物描写，是指对自然环境和社会环境中的风景、物体的描写。景物描写主要是为了显示人物活动的环境，使读者身临其境。

景物描写的对象，概括地说，凡环绕人的但不是对人的描写，都可以说是景物的描写。具体地说，可以分为三个方面：风景描写、风俗描写和风物描写。也可以用绘画用语来表达，那就是：风景画、风俗画和风物画。

风景画的主要内容是自然风景。广义的风景画，包括人工景物，如宫殿、寺庙、园林等。狭义的风景画，主要是指自然风景，如日、月、星、云，高山、大漠、潮汐、雷电等。我们这里采用广义的概念。风物画的范围，似乎更小一些，主要指人工制造的具有特点的景物与器物。较大的如园林，较小的如金石、风物描写，应该有独特的特点。

风俗画，也可以有广义与狭义之分。广义的风俗画，指能反映某一时代、某一地区、某一民族或社会集团的社会生活所特有的风俗人情、社会风貌、生活方式的文学作品。例如，可以说《红楼梦》是17世纪中国上层贵族的风俗画。狭义的风俗画，指作品中有关地区的独特的风俗人情、生活方式等方面的描写。我们这里所说的风俗画，主要指后者。

2. 景物描写的特点

(1) 地域特色不同

注意地域不同，景物的特点也不同。如南方与北方，平原与高山，城市与农村，其景色是各不相同的。例如下面这段话：

> 中国的古老文化是令人惊叹的，而这座城市则是悠久文化的集中体现。这里不但有闻名世界的八达岭长城、故宫、天坛、颐和园，更有凝聚人们智慧的现代化建筑物：人民大会堂、人民英雄纪念碑，以及新建的中央电视台发射塔……

这段话的作者抓住最能代表北京这个城市的景物来写，让人一看就知道是北京。

（2）注意动静搭配

我们还可以抓住景物的变化来写，我们所观察到的景物有的是静止不动的，有的是活动变化的，因此在写景时既要对景物的静态进行描写，也要对景物的动态进行描写，做到动静结合，这样才能把景物的特点描写得更具体，更形象。如：苏教版小学语文四年级上学期第8课《小镇的早晨》第一自然段是静态描写，写小镇的早晨是恬静的；第二自然段是动态描写，写小镇的早晨是热闹的。

（3）注意景物的形状和颜色

除动静的变化之外，还有景物的形状、颜色的特点。例如下面这段描写：

> 湖水清澈见底，远处连绵不断的山峰倒影在平静的湖水中，显得更加青翠。这时，一阵微风吹来，刚才水平如镜的湖面，立刻泛起了鱼鳞般的波纹，在阳光的照耀下闪着点点银光，湖上像撒满了珍珠一样，微风一过，湖面又恢复了平静。

再如《桂林山水》中对山水的描写:

　　我攀登过峰峦雄伟的泰山,游览过红叶似火的香山,却从没看见过桂林这一带的山。桂林的山真奇啊,一座座拔地而起,各不相连,像老人,像巨象,像骆驼,奇峰罗列,形态万千;桂林的山真秀啊,像翠绿的屏障,像新生的竹笋,色彩明丽,倒映水中;桂林的山真险啊,危峰兀立,怪石嶙峋,好象一不小心就会栽倒下来。

(4) 注意景物形状、颜色的变化

除动静的变化之外,景物的形状,颜色等往往也会随着时间的变化而发生变化。因此,我们在描写景物的变化时,不仅要注意写出动静变化,还要注意景物的形状,颜色等发生的变化。请看下面这段文字:

　　这地方的火烧云变化极多,一会儿红彤彤的,一会儿金灿灿的,一会儿半紫半黄,一会儿半灰半百合色。……一会儿,天空出现一匹马,马头向南,马尾向西。马是跪着的,过了两三秒钟,那匹马大起来了……

　　忽然又来了一条大狗。那狗十分凶猛……接着又来了一头大狮子,跟庙前的石头狮子一模一样……可是一转眼就变了,再也找不着了……

(5) 注意运用修辞手法

要想抓住景物的特点,并把这些特点清晰地呈现在读者面前,除了注意观察,学会积累之外,还要运用一些表现手法。比如说《桂林

山水》中有这样一句，"漓江的水真绿啊，绿得仿佛那是一块无瑕的翡翠。"这就是一个比喻句。虽然我从没见过漓江的水，但我在商场里见过碧绿的翡翠，就能想象出漓江水的颜色。还有《观潮》中写到："浪潮越来越近，犹如千万匹白色战马齐头并进，浩浩荡荡地飞奔而来，那声音如同山崩地裂，好象大地都被震得颤动起来。"每当我读到这儿，就好像真的看到潮水向我猛冲过来似的。

写景时，我们可以从景物的形状，颜色和变化等方面抓住特征来描写，这几方面的描写并不是各自孤立的，而是相互穿插，有机结合，融为一体的，这样写出来的景物才能形象生动，才会给人留下深刻的印象。

3. 景物描写的方法与技巧

（1）抓住景物的特征

对所写景物认真观察，抓住特点，是写好这类文章的前提。而能否抓住景物的特点，关键在于作者细心的观察，并将观察所得铭记于心。正所谓"静观默察，烂熟于心"。

因此，要求在观察中，善于抓住不同季节、不同时间、不同地区中景物呈现出的颜色、形态、声响、气味等方面特有的变化，善于通过眼、耳、鼻、舌、身等感官去观察、体会。这样，才能抓住景物特征加以描写。为此，一要注意不同季节的特征。一年有春、夏、秋、冬四季，季节的变化会引起景物的变化。每个季节的景物都有各自的特征；二要注意时间变化的特征。有的景物在不同的时间往往各有特征。白昼、夜晚、早晨、黄昏都为景物涂上了不同的色彩；三要注意气候不同的特征。同一景物在雨中、风中、雾中、雪中所展现的景观是不同的，四要注意不同的地理特征。南方、北方、城市、乡村、高原、平地，不同的地域，有着各自不同的景物特征。

（2）要选好观察的角度

选好观察的角度，就要先确立好观察点。要根据表达的需要运用固定立足点和变换立足点观察景物的方法，或远观、或近觑、或仰视、或俯瞰。同时，要注意观察的顺序，是由近及远，还是由远而近？是由上而下，还是由下而上？这是指空间的变换。还可以时间的变化或游览的先后为顺序。这样，所描写的景物才不会杂乱无章。总之，要做多角度、多侧面的描写。

（3）安排好描写的顺序

景物描写的顺序一般分为空间顺序和时间顺序两种。空间顺序，一般是取一个固定的观察点，按照视线移动的顺序依次写出各个位置上的景物。还有一种空间顺序，不取固定的观察点，而随着观察者位置的转移来描写景物，这叫做游览顺序。

时间顺序，同一个地方在不同的时间里，其景物是有变化的，按一定的时段依次写，可以表现出景物的丰富多姿，使人产生美的感受。时段有长短之分，长时段如春、夏、秋、冬，短时段如晨、午、暮、夜。选用哪一种时间顺序，应视描写对象的特点而定，

（4）要融情于景，表达主观感受

国学大师王国维曾断言："一切景语皆情语"。景物是客观的，而写景之人则是有情的，作者对任何景物，总会有自己的感情。没有感情色彩的景物只不过是苍白美丽的"躯壳"，难以达到感人的目的；同时，观察、描摹景物的过程本身也是写作主观感受的过程，因此，要在写景的字里行间，自然渗透感情，寓情于景。做到情景交融，物我一体。

写景贵有情，在描绘客观景物的同时，要把自己的喜怒哀乐等思

想感情融注到作品中去，使读者产生共鸣，进而给读者带来愉悦之情，陶醉之情，将读者带入特定的情景之中，受到美的熏陶，获得美的享受。

（5）运用动静结合的手法

只写静景，很容易使文章呆滞，而只写动景，又可能失去稳定。只有将静态描写景物形态特征和动态描写利于传神的长处结合起来，所绘景物才会具体、生动，给读者留下深刻的印象。

描写景物需要绘形、绘色、绘声，仿佛使人看得见、摸得着、听得到，这就需要尽可能选用那些生动形象的语言。因而要善于找到最能表现景物特征的动词和一些恰当的形容词，尤其要善于运用比喻、拟人等修辞方法，但要注意不能堆砌词藻。

（6）定点和移步

定点，这里指写景作文中描绘者的立足点。定点，就是指全篇作文中描绘者的立足点不变。在立足点不变的情况下，有两种写法。一种是定点定景。全篇的立足点不变化，景物也是同一的。当描绘者集中注意力从容不迫地详细地将某一处景物描绘出来时，往往用定点定景的方法。这种方法的效果类似电影里的"特写镜头"。短文《白千层》开头说"在匆忙的校园里走着，忽然，我的脚步停了下来"，"停了下来"的地方就是这篇短文描绘一株白千层的立足点。从这个立足点，作者先描绘写着树名的小木牌，再形容这株树的全貌，最后详细描述树干的特征。这篇短文的描绘中心就是白千层这种树的树干，所以采用定点定景的方法是十分合适的。

还有一种是定点换景。描绘的角度是固定的，描绘的对象不断变换，这就是定点换景，这种方法常常用来描写环境。比如，在写景作文中，描绘者站在高处眺望，有的是先写东边的景物，再写西边的景物，有的是先写远处的景物，再写近处的景物，作者的立足点则始终

都是固定不变的。

在《狱中书简》中，女革命家晚间在牢房以窗口为立足点向外眺望。先看片片白云，再看白云下边的燕子，突然大雷雨来了，闪电来了，居然在这样的时刻还发现"一只夜莺在窗前的一株枫树上叫起来……"在不断的"换景"中，我们看到身处牢房的女革命家对于多彩的大自然的热爱。

采用定点换景的方法，首先要选好描绘的角度，即选择一个合适的"点"。其次，景物的变换顺序要安排合理，前后次序要有内在的联系，表达层次要清楚。

如果描写的景物不变，而描绘的角度有所变换，这便是定景换点了。比如描写一座纪念碑，先从正面看题字，再到背面看碑文，再看基座四面的浮雕。采用这种写法的时候要注意"点"的选择与变换要有助于表现景物的特征，点的变换要在文章中交代清楚。如果换点不作交代，或者交代得不清楚，就会显得换点无序，影响景物的美感。在写参观游览的作文中，最常见的是不断变换描绘的立足点，同时，随着立足点的变换，被描绘的景物也不断变换，这就是移步换景的方法。这种方法便于详尽的，多侧面多层次的表现景物的全貌。怎样逐层表现几个景点的不同特征。用移步换景的方法还特别要注意层次与过渡。

(7) 景物离不开色彩

要把景物描写得真切传神、生动形象，就必须细致入微地观察和体验所写的景物，具有敏锐的色彩感，从而准确地把握景物的色彩特征，进行着色"包装"，使习作语言增色。例：这地方的火烧云变化极多，一会儿红彤彤的，一会儿金灿灿的，一会儿半紫半黄，一会儿半灰半白。葡萄灰，梨黄，茄子紫，这些颜色天空都有……（《火烧云》）这段话中作者运用一连串不同形式的表示色彩的语言，描绘了

不同时间所见到的不同色彩的火烧云，将色彩斑斓的火烧云表现得淋漓尽致，构成了一幅美不胜收的画卷，给人以赏心悦目的美感，令人赞叹不已。

（8）摹声与赋神

景物描写不光靠色彩渲染来吸引人，造成读者视觉上的美感，还可以摹声来绘景，造成读者听觉上的美感。有声有色的景物描写，给人身临其境之感。在《葛洲坝工地夜景》中有这样一段描写：

> 那"嘟嘟"的汽车声，"呜呜"的火车声，"突突"的拖拉机声，"轰轰"的山石爆破声，还有"嗨哟嗨哟"的劳动号子声，组成了丰富多彩的合奏曲。

作者通过听觉所感，运用丰富形象的象声词，展现了葛洲坝工地夜晚热火朝天的景象，令人如闻其声，如观其景。同时，生动可感的象声词赋予读者丰富的想象：这美妙的旋律，就像交响乐，令人陶醉；又好似战鼓咚咚，军号滴滴，激励人们奋发向前。

许多自然景物由于被赋予审美想象，将景物人格化，一山一水，一草一木都具有人的情怀，也正是这种人的感情与景物水乳交融，使读者产生共鸣，引起联想，使景物描写带有传神色彩。在《家乡的秋白梨》中有这样一段描写：

> 初夏，梨树上青青的果实躲在翠绿的叶子中间，像一个个害羞的小姑娘。

一个"躲"字令"小青果"有"形"有"神"，这样的描写既情趣横生，又耐人寻味，怎不传神呢？

当然，景物描写的语言"包装"，决不能矫揉造作，必须恰到好处，保持语言原汁原味的魅力，让景物有声有色有神，这样才能令你的习作锦上添花。

(9) 景物描写的挖掘法

深入挖掘首先是指写作前，我们要谨慎思考过程。思考时应尽力去挖掘作文题目、题材等方面的内涵，通过合理的想象，寻找所要描绘的景物的外在特征；下笔后要以自问的形式考察自己描写景物的目的是否达到。例如，决定或检查一段景物描写时，就应该问一问自己"这里需要景物描写吗？""这段景物描写在这里有什么作用呢？"等问题，这样不断强化自己的景物描写的作用意识，以避免为写景而写景。

文章《雪后》是通过对雪景的描绘抒发了对大自然的喜爱之情的。你看：

……大雪过后，万物洁白，房上、地上、树上全披上了一层厚厚的玉衣。远眺天地相连处，太阳正要升起，红彤彤的彩云不断扩散，使这遍野的大雪越发显得明净。冬小麦盖着雪姑娘亲手缝制的软乎乎的大棉被，安安稳稳地睡了，心里默默念着：明年的麦穗，一定结得又大又饱满。雪花无私地滋润着大地，大地正做着温馨的梦，构思着春天的绚丽图景。

作者运用拟人、比喻等修辞方法将大自然这神功妙笔所绘出的北国风光图再现给读者，为的是通过景物描写表达自己内心的爱雪之情。他写到："我多么希望这雪景永在，永远停留在这辽阔无垠的土地上，来装饰祖国壮丽的山河，给人以美的享受。但这是不可能的。雪花，似乎一出生就是为了粉身碎骨，装饰大地那只是它一生中微不足道的一点小事，而更重要的则是牺牲自己，滋润大地，来孕育一颗颗丰满的种子，酝酿一个个生气勃勃的像我梦中一样的丰收场面。"

显然，作者是不满足于对壮丽雪景的描绘的，他在进一步地挖掘雪的作用，并通过对雪的作用的描写赞扬一种精神，一种从一出生就是为了他人粉身碎骨牺牲自己的奉献精神。这样的写景就是有明确目的的，深化了主题的。

（10）景物描写的对比法

所谓对比法，就是把两种或两种以上情况加以对照、比较，从而突出它们的差异点的方法。在一些同学的眼里，似乎什么景物都是一样的，原因是他们只看景物的一时而不见景物的另一时。建议同学们使用对比法来认识景物的特征。例如，写校园，我们就可以关注一下清晨时的校园与黄昏时的校园的不同，并且静下心来细细想一想不同与相同的具体原因，这样把握景物的特征就比较容易了。

景物描写要真实、准确，观察者的心理也起很大作用。同是一片山林，在一位同学笔下："……首先映入眼帘的是高高低低、林木阴森的山岭、叫人有点害怕。"而另外一位同学同样写这一山林就是"这里山环水绕，绿树成阴，哗哗的流水声好像在为婆娑起舞的枝条轻轻地伴奏，简直是个绝妙的仙境。"短短一句话不仅把山势水情描绘了出来，而且也传达出自己当时的快乐心境与对山林的热爱之情。

总之，我们在动笔前总要进行一番对比，通过对比来把握景物描写的特征，决定景物描写的对象、方法和语言。

（11）动态追述法

动态追述法指的是在写作游记时，要尽量回想当时游历的情景，如何走的路，怎样看的景，留下什么样的印象等等。游历的情景清楚之后，再考虑布局；文章写成之后，还要检查文章是否用了适当的语词交代了观察点的变化；还要检查观察的角度与描写出的景物的特点是否具有一致性等等问题。

在进行景物描写时要有点有面，突出重点。我们说每一处景点都少不了有山水、有花草、有树木……对于这些我们不能面面俱到，像开杂货铺一样一一罗列出来，逐一描绘。否则就会给人流水账的感觉，令人乏味、厌看。那么为了突出中心，吸引读者，我们应该选择最有特色、最有代表性的一处或几处来具体描绘。其它则可简略叙述一笔带过。写文章也正如我们旅游一样要有走有停。文中的走则是略写，是面的体现，文中的停则是浓墨详写，是文章重点的突出。如果文章详略得当，点面适宜，那么读者看后会产生与你同游的感觉。另外，在写游记时，将动态与静态穿插着描写，效果会更好。

4. 景物描写的作用

(1) 揭示作品的时代背景

景物描写一个重要作用就是交代故事发生的时间、地点，有时也揭示作品的时代背景。

例如叶圣陶的《夜》开头写道：一条不很整洁的里里，一幢一楼一底的屋内，桌上的煤油灯发出黄晕的光，照得所有的器物模糊，惨淡，好像反而加浓了阴暗。

这句景物描写用了"黄晕"、"模糊"、"惨淡"、"阴暗"四个形容词，来烘托小说的典型环境。说明故事是发生在一个夜里，一个令人恐怖的夜，一个心头笼罩着阴暗的夜。通过景物描写反映了黑暗的社会现实。

(2) 渲染气氛，烘托人物心情

景物描写有时可以渲染一种特定的氛围，烘托人物的情趣、心境，表现人物的心理。例如高尔基的《母亲》中写道：

严寒干燥的空气紧紧地包围住她的身体，直透到咽喉，使鼻子发痒，有一刻工夫使她不能呼吸。

既写出母亲此次行动的时节，又烘托了紧张的气氛。而母亲"满意地听她脚下的雪发出的清脆的声音"以及"每次开门的时候，就有一阵云雾似的冷空气吹到她脸上，这使她觉得很爽快，于是她把冷空气深深地吸进去"等描写又显示母亲从事革命工作时的兴奋之情，为塑造临危不惧的革命母亲的形象起到了烘托的作用。

（3）展示人物性格

人物周围的环境，包括室内外的装饰布置，能够展示一个人的身份、气质、个性等，因此作家注意用景物来展示人物性格。

例如鲁迅《祝福》中对鲁四老爷书房的描写：我回到四叔的书房时，瓦楞上已经雪白，房里也映得较光明，极分明的显出壁上挂着的朱拓的大"寿"字，陈抟老祖写的；一边的对联已经脱落，松松的卷了放在长桌上，一边的还在，道是"事理通达心气和平"。我又无聊懒到窗下的案头去一翻，只见一堆似乎未必完全的《康熙字典》，一部《近思录集注》和一部《四书衬》。

从对联和书籍的内容可以看出，鲁四老爷是自觉维护封建制度和封建礼教的卫道士，他尊崇理学和孔孟之道，他懒散、自私伪善，冷酷无情，是造成祥林嫂悲剧的一个重要人物。

（4）推动情节的发展

有时景物描写能够推动情节向前发展，例如《祝福》中对鲁四老爷家祝福的描写。祝福本身就是旧社会最富有特色的封建迷信活动，所以在祝福时封建宗法思想和反动理学观念也表现得最为强烈。在鲁四老爷不准"败坏风俗"的祥林嫂沾手的告诫下，祥林嫂失去了祝福

的权力。她为了求取这点权力，用"历来积存的工钱"捐了一条赎"罪"门槛，但得到的仍是"你放着罢，祥林嫂"这样一句喝令，就粉碎了她生前免于侮辱，死后免于痛苦的愿望，她的一切挣扎的希望都在这一声喝令中破灭了。就这样，鲁四老爷在祝福时刻凭着封建宗法思想和封建礼教的淫威，把祥林嫂一步步逼上死亡的道路。特定的景物描写推动了情节的发展。

（5）借景抒情，情景交融

作品中描写景物，作者往往是为了抒发自己的感情，达到借景抒情、情景交融的目的。如朱自清的《荷塘月色》描写了一幅恬淡朦胧的荷塘月色图，实际上寄托了朱先生的情感。朱自清是一名新文学运动的战士，1927 年大革命失败了，给他心灵上投下了落寞的阴影，他既对黑暗的现实不满，又不愿投身革命，所以幻想超脱现实。他借荷塘月色抒发的正是这种幻想超脱现实的情感。

5. 景物描写与人物和事情之间的关系

有了景物描写，会使文章的内容充实，表达的思想感情比较丰富。其实，景物描写并不是另外添加到写人记事的作文中去的。写人物，记事情，本来就往往离不开景物描写。

（1）写景可以表明事情发生的时间、地点

学生作文《盼望》的开头：

清晨，我漫步在连绵无际的长江大堤上，阵阵凉风吹得人心旷神怡。我望了望堤边，野菊花开得特别旺盛，这儿一丛，那儿一簇，五彩缤纷，使空气中渗透着一种纯洁清新的气息，让人觉得它有一种无法比拟而又享受不尽的美。忽然，我想到今天是举家团圆赏月的中秋佳节呢！

"中秋佳节"的"清晨"，这是事情发生的时间。"长江大堤"的"堤边"，这是地点。堤边有许多五彩缤纷的，散发着清新气息的野菊花，这样，把环境写得具体了。

（2）景中之物和事情的发展或结局有密切关系

上面的文章的开头，提到了野菊花开得多"这儿一丛"的"旺盛"，而且"五彩缤纷"，下面的文章接着写一个小女孩在堤边用柳条和野菊花编成花环，小女孩半跪在江边，脸向着江水流去的方向，双手捧起花环，"爸爸，今天又是中秋节了，我真想你呀！爸爸，快回来吧，我和妈妈等着你。"小女孩说完，把花环轻轻地放入江中。花环满载着思情漂走了。

小女孩的父亲赴日本三年未归，小女孩在用野菊花做成的花环上寄托了自己苦苦的思念。这件事主要写小女孩做花环，而这样的花环是用就地采摘的野菊花做的，所以，作文写野菊花的美丽，也是为着记事。

（3）写景可以表现人物的性格、爱好、心情

在上面说到的这篇作文里，写小女孩身处长江大堤边的野菊花丛中，小心翼翼地做了四五个花环，这里"凉风习习，空气清新"，作者对景物的描写烘托出了小女孩纯洁美好的心灵，同时也把小女孩在中秋节思念父亲的离情愁绪写得感人。

（4）写景可以直接表现作文的主题

有一篇小学生作文题目是《何时月儿圆》。作文第一句就是：

每当我看到月亮圆缺时，就会勾起我许多痛苦的回忆。

作者6岁那年，父母离婚。

　　那天晚上，妈妈带着我离开原来的家时，我感到自己是那样的孤独。当我抬头望着天空时，我看到一轮弯弯的月牙儿歪斜着，无依无靠地挂在天上，月光微弱，不一会儿便被乌云遮住了……这歪歪的月牙儿，便成了我心灵上痛苦的象征。

这篇作文的结尾是：

　　再回首，往事恍然如梦；再回首，我心依旧。我是多么想我的家庭也能像中秋的月亮那样完整无缺。

　　作文中间三段写的是作者一个人在家时的孤独；考试不及格，在大街上漫无目的的行走时的痛苦心情；中秋节得到妈妈的礼物时的激动。全文借着月儿的圆缺着重描绘作者幼小心灵受到的创伤，抒发了内心的感受，表现了对家庭幸福生活的渴望。

6. 景物描写的注意事项

（1）写景要有顺序

　　人们观赏景物都有一定的规律：或定点环顾，或边走边看。描写时也应该"顺其自然"。例如老舍先生的《济南的冬天》一文，描写济南城周围的环境时写道：

> 小山把济南整个儿围个圈儿，只有北边缺点口儿。这一圈小山在冬天特别可爱，好像把济南放在一个小摇篮里。

景物描写与作者的定点鸟瞰相吻合，自然清晰，形象准确。又如凡妮的《野景偶拾》一文，按照沿途所见，依次描写绕村的溪流、山间的小路、盆地的高粱、山坡的谷穗、旷野的幽静、落日的霞光、宛如绸带的河流和公路、华美如贝雕的田野和山林。移步换形，有如移舟前进，时过境迁，景观随之改换，给人一种身临其境之感。

（2）写景要有选择

写景时应要有所取有所弃，抓住最能代表彼时彼地特征的景物加以描写，其它的景色则略写或不写。老舍先生的《在烈日和暴雨下》，为了突出天气变化的过程，就着力描写了杨柳的动态：

> 一点风也没有时——枝条一动懒得动；有一点凉风时——枝条微微动了两下；风大起来时——柳条横着飞。

通过杨柳的动态。显示了风的从无到有、由小到大，而对暴风雨降临时其它景象的变化，作者作了简略处理。这样，抓住特征，既形象地表现了天气变化的过程，又避免了描写的呆板重复，使得文字准确而精练。

（3）写景要有情致

人们观赏景物总是要带有某种感情的。因此，描写时也应该将这种感情一起表达出来，做到寓情于景，情景相应。鲁迅先生的《故乡》一文，反映旧中国农村衰败萧条，日趋破产的悲惨景象时，笔下的景色是"苍黄的天空下，远近横着几个萧索的荒村，没有一些活气。"而脑海中闪现出少年闰土的美好形象时，则为"深蓝的天空中挂着一轮金黄的圆月。"景物描写之中渗透着作者爱憎分明的思想感情。以景触情，情景交融，有力地深化了文章的主题。

(4) 写景抒情要真挚自然

对表现的事物，要有深切的感受，情感要发自内心，这样的抒情，才是真挚的、诚恳的，也才能是深沉的、感人的。感情要自然地流露出来。抒情最不能作伪，虚假的、矫揉造作的东西，是最要不得的，那种抒情，不仅不能感染读者，反而只能使人产生厌恶的情绪。

我们抒发的感情，必须具有健康的情趣，用健康的、朝气蓬勃的思想感情去打动读者。那种低级、消极、颓废等不健康的感情，我们要坚决反对。

(5) 写景抒情要具体生动

抒情要生动，切忌呆板和干瘪，重复老一套的东西，是不能给人以新鲜感的。不新鲜、不生动，也就不能感动读者、打动读者。感情是比较抽象的东西，要抒发得具体，是不容易的。而过于抽象或空洞的抒情，是没有力量的。我们要善于把抽象的、不易表达的感情写得具体，这要有些手段。例如：

> 不是年轻的为年老的写纪念，而在这三十年中，却使我目睹许多青年的血，层层淤积起来，将我埋得不能呼吸，我只能用这样的笔墨，写几句文章，算是从泥土中挖一个小孔。自己延口残喘，这是怎样的世界呢。夜正长，路也正长，我不如忘却，不说的好罢。但我知道，即使不是我，将来总会有人记起他们，再说他们的时候的。

鲁迅先生这一段抒情，写得十分深沉。他用一个形象的比喻把对

在国民党白色恐怖下牺牲的战友的怀念之情具体、真挚而深刻地表现出来了。

（6）注意景物的整体和局部

无论是自然界的景物，还是图片画面，学生的观察往往不能全面。只注意了鲜艳的色彩，尖锐的矛盾冲突，而忽视景物的背景和细节。例如在写雨景时，既要写远处迷梦的雨幕，又要写芭蕉叶上滴落的串串珍珠。这样写景就注意了点面结合。

（7）注意写景的动静结合

活动的画面比静止的画面更能引起人们的注意。在黄河浪的《故乡的榕树》中有这样一段描写：

> 我怀念从故乡的后山流下来，流过榕树旁的清澈的小溪，溪水中彩色的鹅卵石，到溪畔洗衣和汲水的少女，在水面嘎嘎嘎地追逐欢笑的鸭子；我怀念榕树下洁白的石桥，桥头兀立的刻字的石碑，桥栏杆上被人抚摸光滑了的小石狮子。那汩汩的溪水流走了我童年的岁月，那古老的石桥镌刻着我深深的记忆，记忆中的故事有榕树的叶子一样多……

这是作者回忆故乡的榕树，枝叶婆娑，流水潺潺，鸭群嬉戏，又加以活动的人群，使画面动静结合，给读者身临其境的感觉。学生的作文《春天的早晨》，葱郁的树木，袅袅的炊烟，田间的老农，一切沐浴在金色的朝霞里，这构成了一幅动静结合的画面，同时深化了文章的主题。

（8）用五觉描写景物

综合运用各种感觉描写景物，可以使景物描写更加细腻。例如：

　　细细的雨丝密密地斜织着如烟似雾；润湿的泥土散发的清新和芳香沁人心脾；雨点滴入口中，甜甜的，令人回味无穷；春风把雨丝送上你的脸颊如少女的手儿温柔细腻；俯身静听草长的声音如一望无际的旷野上悠扬的笛声在耳畔回响。啊，潇潇春雨，春雨潇潇。

　　这段作文综合运用了视觉、嗅觉、味觉、触觉、听觉五种感觉写春雨，细腻传神，收到很好的效果，这是一种操作性很强的写作方法。

　　(9) **注意描写景物的色彩**

　　彩色的电影比黑白的电影前进了一大步，彩色的画面比黑白的画面对视觉更具有冲击力。在碧野的《天山景物记》中有这样一段描写：

　　蓝天衬着矗立的巨大的雪峰，在太阳下，几块白云在雪峰间投下云影，就像白缎上绣上了几朵银灰的暗花。

　　特别诱人的是牧野的黄昏，落日映红周围的雪峰，像云霞那么灿烂。雪峰的红光映射到这辽阔的牧场上，形成一个金碧辉煌的世界，蒙古包、牧群和牧女们，都镀上了一色的玫瑰红。当落日沉没，周围雪峰的红光逐渐消退，银灰色的暮霭笼罩着草原的时候，你就会看见无数点红火光，那是牧民们在烧起铜壶准备晚餐。

　　这两段文字中，蓝天、白云、银灰色的暗花，夕阳的红火映衬着蒙古包，牧女笼罩在金碧辉煌的世界中。大自然是五彩缤纷的，景物五光十色，准确的使用色彩词语会使景物描写更加生动。当然，这离不开细致的观察。

第二章

景物描写范文阅读

1. 雪

◉ 鲁　迅

暖国的雨，向来没有变过冰冷的坚硬的灿烂的雪花。博识的人们觉得他单调，他自己也以为不幸否耶？江南的雪，可是滋润美艳之至了；那是还在隐约着的青春的消息，是极壮健的处子的皮肤。雪野中有血红的宝珠山茶，白中隐青的单瓣梅花，深黄的磬口的腊梅花；雪下面还有冷绿的杂草。蝴蝶确乎没有，蜜蜂是否来采山茶花和梅花的蜜，我可记不真切了，但我的眼前仿佛看见冬花开在雪野中，有许多蜜蜂们忙碌地飞着，也听得他们嗡嗡地闹着。

孩子们呵着冻得通红，像紫芽姜一般的小手，七八个一齐来塑雪罗汉。因为不成功，谁的父亲也来帮忙了。罗汉就塑得比孩子们高得多，虽然不过是上小下大的一堆，终于分不清是壶卢还是罗汉，然而很洁白，很明艳，以自身的滋润相粘结，整个地闪闪地生光。孩子们用龙眼核给他做眼珠，又从谁的母亲的脂粉奁中偷得胭脂来涂在嘴唇上，这回确是一个大阿罗汉了。他也就目光灼灼地嘴唇通红地坐在雪地里。

第二天还有几个孩子来访问他，对了他拍手，点头，嬉笑。但他终于独自坐着了。晴天又来消释他的皮肤，寒夜又使他结一层冰，化作不透明的水晶模样，连续的晴天又使他成为不知道算什么，而嘴上的胭脂也褪尽了。

但是，朔方的雪花在纷飞之后，却永远如粉，如沙，他们决不粘连，撒在屋上，地上，枯草上，就是这样。屋上的雪是早已就有消化了的，因为屋里居人的火的温热。别的，在晴天之下，旋风忽来，便蓬勃地奋飞，在日光中灿灿地生光，如包藏火焰的大雾，旋转而且升腾，弥漫太空，使太空旋转而且升腾地闪烁。

在无边的旷野上，在凛冽的天宇下，闪闪地旋转升腾着的是雨的精魂……是的，那是孤独的雪，是死掉的雨，是雨的精魂。

2．秋夜

◉ 鲁　迅

在我的后园，可以看见墙外有两株树，一株是枣树，还有一株也是枣树。

这上面的夜的天空，奇怪而高，我生平没有见过这样的奇怪而高的天空。他仿佛要离开人间而去，使人们仰面不再看见。然而现在却非常之蓝，闪闪地夹着几十个星星的眼，冷眼。他的口角上现出微笑，似乎自以为大有深意，而将繁霜洒在我的园里的野花草上。

我不知道那些花草真叫什么名字，人们叫他们什么名字。我记得有一种开过极细小的粉红花，现在还开着，但是更极细小了。她在冷的夜气中，瑟缩地做梦，梦见春的到来，梦见秋的到来，梦见瘦的诗人将眼泪擦在她最末的花瓣上，告诉她秋虽然来，冬虽然来，而此后接着还是春，蝴蝶乱飞，蜜蜂都唱起春词来了。她于是一笑，虽然颜色冻得红惨惨地，仍然瑟缩着。

枣树，他们简直落尽了叶子。先前，还有一两个孩子来打别人打剩的枣子，现在一个也不剩了，连叶子也落尽了。他知道小粉红花的梦，秋后要有春；他也知道落叶的梦，春后还是秋。他简直落尽叶子，

单剩干子，然而脱了当初满树是果实和叶子时候的弧形，欠伸得很舒服。但是有几枝还低亚着，护定他从打枣的竿梢所得的皮伤，但是最直最长的几枝，却已默默地铁似的直刺着奇怪而高的天空，使天空闪闪地鬼眨眼，直刺着天空中圆满的月亮，使月亮窘得发白。

鬼眨眼的天空越加非常之蓝，不安了，仿佛想离去人间，避开枣树，只将月亮剩下。然而月亮也暗暗地躲到东边去了。而一无所有的干子，却仍然默默地铁似的直刺着奇怪而高的天空，一意要制他的死命，不管他各式各样地眨着许多蛊惑的眼睛。

哇的一声，夜游的恶鸟飞过了。

我忽而听到夜半的笑声，吃吃地，似乎不愿意惊动睡着的人，然而四围的空中都应和着笑。夜半，没有别的人，我即刻听出这声音就在我嘴里，我也即刻被这笑声所驱逐，回进自己的房。灯火的带子也即刻被我旋高了。

后窗的玻璃上丁丁地响，还有许多小飞虫乱撞。不多久，几个进来了，许是从窗纸的破孔进来的。他们一进来，又在玻璃的灯罩上撞得丁丁地响。一个从上面撞进去了，他于是遇到火，而且我以为这火是真的。两三个却休息在灯的纸罩上喘气。那罩是昨晚新换的罩，雪白的纸，折出波浪纹的叠痕，一角还画出一枝猩红色的栀子。

猩红的栀子开花时，枣树又要做小粉红花的梦，青葱弯成弧形了……我又听到夜半的笑，我赶紧砍断我的心绪，看那老在白纸罩上的小青虫，头大尾小，向日葵子似的，只有半粒小麦那么大，遍身的颜色苍翠得可爱，可怜。

我打一个呵欠，点起一支纸烟，喷出烟来，对着灯默默地敬奠这些苍翠精致的英雄们。

3. 腊叶

◉ 鲁　迅

　　灯下看《雁门集》，忽然翻出一片压干的枫叶来。

　　这使我记起去年的深秋。繁霜夜降，木叶多半凋零，庭前的一株小小的枫树也变成红色了。我曾绕树徘徊，细看叶片的颜色，当他青葱的时候是从没有这么注意的。他也并非全树通红，最多的是浅绛，有几片则在绯红地上，还带着几团浓绿。一片独有一点蛀孔，镶着乌黑的花边，在红，黄和绿的斑驳中，明眸似的向人凝视。我自念：这是病叶呵！便将它摘了下来，夹在刚才买到的《雁门集》里。大概是愿使这将坠的被蚀而斑斓的颜色，暂得保存，不即与群叶一同飘散罢。

　　但今夜它却黄蜡似的躺在我的眼前，那眸子也不复似去年一般灼灼。假使再过几年，旧时的颜色在我记忆中消去，怕连我也不知道它何以夹在书里面的原因了。将坠的病叶的斑斓，似乎也只能在极短时中相对，更何况是葱郁的呢。看看窗外，很能耐寒的树木也早经秃尽了；枫树更何消说得。当深秋时，想来也许有和这去年的模样相似的病叶的罢，但可惜我今年竟没有赏玩秋树的余闲。

一九二五年十二月二十六日

（本篇最初发表于一九二六年一月四日《语丝》周刊第六十期）

4．野草

◉ 鲁　迅

当我沉默着的时候，我觉得充实；我将开口，同时感到空虚。

过去的生命已经死亡。我对于这死亡有大欢喜，因为我借此知道它曾经存活。死亡的生命已经腐朽。我对于这朽腐有大欢喜，因为我借此知道它还非空虚。

生命的泥委弃在地面上，不生乔木，只生野草，这是我的罪过。

野草，根本不深，花叶不美，然而吸取露，吸取水，吸取陈死人的血和肉，各个夺取它的生存。当生存时，还是将遭践踏，将遭删刈，直至于死亡而朽腐。

但我坦然，欣然。我将大笑，我将歌唱。

我自爱我的野草，但我憎恶这以野草作装饰的地面。

地火在地下运行，奔突；熔岩一旦喷出，将烧尽一切野草，以及乔木，于是并且无可腐朽。

但我坦然，欣然。我将大笑，我将歌唱。

天地有如此静穆，我不能大笑而且歌唱。天地即不如此静穆，我或者也将不能。我以这一丛野草，在明与暗，生与死，过去与未来之际，献于友与仇，人与兽，爱者与不爱者之前作证。

为我自己，为友与仇，人与兽，爱者与不爱者，我希望这野草的死亡与朽腐，火速到来。要不然，我先就未曾生存，这实在比死亡与朽腐更其不幸。

去罢，野草，连着我的题辞！

一九二七年四月二十六日，鲁迅记于广州之白云楼上。

（本篇最初发表于一九二七年七月二日北京《语丝》周刊第一三八期。）

5. 从百草园到三味书屋

◉ 鲁　迅

　　我家的后面有一个很大的园，相传叫作百草园。现在是早已并屋子一起卖给朱文公的子孙了，连那最末次的相见也已经隔了七八年，其中似乎确凿只有一些野草；但那时却是我的乐园。

　　不必说碧绿的菜畦，光滑的石井栏，高大的皂荚树，紫红的桑椹；也不必说鸣蝉在树叶里长吟，肥胖的黄蜂伏在菜花上，轻捷的叫天子（云雀）忽然从草间直窜向云霄里去了。单是周围的短短的泥墙根一带，就有无限趣味。油蛉在这里低唱，蟋蟀们在这里弹琴。翻开断砖来，有时会遇见蜈蚣；还有斑蝥，倘若用手指按住它的脊梁，便会拍的一声，从后窍喷出一阵烟雾。何首乌藤和木莲藤缠绕着，木莲有莲房一般的果实，何首乌有拥肿的根。有人说，何首乌根是有象人形的，吃了便可以成仙，我于是常常拔它起来，牵连不断地拔起来，也曾因此弄坏了泥墙，却从来没有见过有一块根象人样。如果不怕刺，还可以摘到覆盆子，象小珊瑚珠攒成的小球，又酸又甜，色味都比桑椹要好得远。

　　长的草里是不去的，因为相传这园里有一条很大的赤练蛇。

　　长妈妈曾经讲给我一个故事听：先前，有一个读书人住在古庙里

用功，晚间，在院子里纳凉的时候，突然听到有人在叫他。答应着，四面看时，却见一个美女的脸露在墙头上，向他一笑，隐去了。他很高兴；但竟给那走来夜谈的老和尚识破了机关。说他脸上有些妖气，一定遇见"美女蛇"了；这是人首蛇身的怪物，能唤人名，倘一答应，夜间便要来吃这人的肉的。他自然吓得要死，而那老和尚却道无妨，给他一个小盒子，说只要放在枕边，便可高枕而卧。他虽然照样办，却总是睡不着，——当然睡不着的。到半夜，果然来了，沙沙沙！门外象是风雨声。他正抖作一团时，却听得豁的一声，一道金光从枕边飞出，外面便什么声音也没有了，那金光也就飞回来，敛在盒子里。后来呢？后来，老和尚说，这是飞蜈蚣，它能吸蛇的脑髓，美女蛇就被它治死了。

结末的教训是：所以倘有陌生的声音叫你的名字，你万不可答应他。

这故事很使我觉得做人之险，夏夜乘凉，往往有些担心，不敢去看墙上，而且极想得到一盒老和尚那样的飞蜈蚣。走到百草园的草丛旁边时，也常常这样想。但直到现在，总还没有得到，但也没有遇见过赤练蛇和美女蛇。叫我名字的陌生声音自然是常有的，然而都不是美女蛇。

冬天的百草园比较的无味；雪一下，可就两样了。拍雪人（将自己的全形印在雪上）和塑雪罗汉需要人们鉴赏，这是荒园，人迹罕至，所以不相宜，只好来捕鸟。薄薄的雪，是不行的；总须积雪盖了地面一两天，鸟雀们久已无处觅食的时候才好。扫开一块雪，露出地面，用一支短棒支起一面大的竹筛来，下面撒些秕谷，棒上系一条长绳，人远远地牵着，看鸟雀下来啄食，走到竹筛底下的时候，将绳子一拉，便罩住了。但所得的是麻雀居多，也有白颊的"张飞鸟"，性子很躁，养不过夜的。

这是闰土的父亲所传授的方法，我却不大能用。明明见它们进去了，拉了绳，跑去一看，却什么都没有，费了半天力，捉住的不过三四只。闰土的父亲是小半天便能捕获几十只，装在叉袋里叫着撞着的。我曾经问他得失的缘由，他只静静地笑道：你太性急，来不及等它走到中间去。

我不知道为什么家里的人要将我送进书塾里去了，而且还是全城中称为最严厉的书塾。也许是因为拔何首乌毁了泥墙罢，也许是因为将砖头抛到间壁的梁家去了罢，也许是因为站在石井栏上跳下来罢，……都无从知道。总而言之：我将不能常到百草园了。Ade，我的蟋蟀们！Ade，我的覆盆子们和木莲们！

出门向东，不上半里，走过一道石桥，便是我的先生的家了。从一扇黑油的竹门进去，第三间是书房。中间挂着一块扁道：三味书屋；扁下面是一幅画，画着一只很肥大的梅花鹿伏在古树下。没有孔子牌位，我们便对着那扁和鹿行礼。第一次算是拜孔子，第二次算是拜先生。

第二次行礼时，先生便和蔼地在一旁答礼。他是一个高而瘦的老人，须发都花白了，还戴着大眼镜。我对他很恭敬，因为我早听到，他是本城中极方正，质朴，博学的人。不知从那里听来的，东方朔也很渊博，他认识一种虫，名曰"怪哉"，冤气所化，用酒一浇，就消释了。我很想详细地知道这故事，但阿长是不知道的，因为她毕竟不渊博。现在得到机会了，可以问先生。

"先生，'怪哉'这虫，是怎么一回事？……"我上了生书，将要退下来的时候，赶忙问。

"不知道！"他似乎很不高兴，脸上还有怒色了。

我才知道做学生是不应该问这些事的，只要读书，因为他是渊博的宿儒，决不至于不知道，所谓不知道者，乃是不愿意说。年纪比我大的人，往往如此，我遇见过好几回了。我就只读书，正午习字，晚上对课。先生最初这几天对我很严厉，后来却好起来了，不过给我读的书渐渐加多，对课也渐渐地加上字去，从三言到五言，终于到七言。

三味书屋后面也有一个园，虽然小，但在那里也可以爬上花坛去折腊梅花，在地上或桂花树上寻蝉蜕。最好的工作是捉了苍蝇喂蚂蚁，静悄悄地没有声音。然而同窗们到园里的太多，太久，可就不行了，先生在书房里便大叫起来：

"人都到那里去了？"

人们便一个一个陆续走回去；一同回去，也不行的。他有一条戒尺，但是不常用，也有罚跪的规矩，但也不常用，普通总不过瞪几眼，大声道：

"读书！"

于是大家放开喉咙读一阵书，真是人声鼎沸。有念"仁远乎哉我欲仁斯仁至矣"的，有念"笑人齿缺曰狗窦大开"的，有念"上九潜龙勿用"的，有念"厥土下上上错厥贡苞茅橘柚"的……先生自己也念书。后来，我们的声音便低下去，静下去了，只有他还大声朗读着：

"铁如意，指挥倜傥，一座皆惊呢；金叵罗，颠倒淋漓噫，千杯未醉嗬……"我疑心这是极好的文章，因为读到这里，他总是微笑起来，而且将头仰起，摇着，向后面拗过去，拗过去。

先生读书入神的时候，于我们是很相宜的。有几个便用纸糊的盔甲套在指甲上做戏。我是画画儿，用一种叫作"荆川纸"的，蒙在小说的绣像上一个个描下来，象习字时候的影写一样。读的书多起来，画的画也多起来；书没有读成，画的成绩却不少了，最成片断的是《荡寇志》和《西游记》的绣像，都有一大本。后来，因为要钱用，卖给一个有钱的同窗了。他的父亲是开锡箔店的；听说现在自己已经做了店主，而且快要升到绅士的地位了。这东西早已没有了罢。

九月十八日

6. 桃花

◉ 鲁　迅

春雨过了，太阳又很好，随便走到园中。

桃花开在园西，李花开在园东。

我说，"好极了！桃花红，李花白。"

（没说，桃花不及李花白。）

桃花可是生了气，满面涨作"杨妃红"。

好小子！真了得！竟能气红了面孔。

我的话可并没得罪你，你怎的便涨红了面孔！

唉！花有花道理，我不懂。

（本篇最初发表于一九一八年五月十五日《新青年》第四卷第五号，署名唐俟。）

7. 冬日

◉ 苏曼殊

雪　莱

1909 年春，蔡哲夫将其妹夫佛莱蔗得自英·莲华女士的《雪莱诗集》转赠曼殊。曼殊从中译出此首。

《冬日》——为雪莱五幕诗剧《查理一世》结束时宫廷

小丑亚基所唱的短歌。歌中描述查理一世暴虐统治下的萧飒荒凉景象。

雪莱（Percy Bysshe shelley, *1792—1822*）——曼殊又译作"室利""师梨"。英国杰出的积极浪漫主义诗人。年青时因发表无神论被牛津大学开除。不久参加爱尔兰民族独立运动后，被迫侨居意大利。与拜伦过从甚密。诗作富有反抗精神，充满对自由的渴求和对理想社会的向往。

孤鸟栖寒枝，悲鸣为其曹。
池水初结冰，冷风何萧萧！
荒林无宿叶，瘠土无卉苗。
万籁尽寥寂，唯闻喧挈皋。

8. 落日

◉ 苏曼殊

1909 年春，曼殊将所绘的《文姬图》赠刘三。刘三即据画跋赋六言诗作答，中有"白头天山苏武，红泪洛水文姬"二句。曼殊看后，忆及五年前舟经锡兰，思念家国，欲求一振的情景；对照如今旅居东瀛，系身情网，意志消沉的状况，不由悔恨交加，于是拿出上年刘三《送曼殊之印度》的七绝来读，那热烈而诚挚的情调，再次扣动他的心弦。他怆然执笔，步刘三诗韵，写出此首以作反省。

落日沧波远岛滨，悲笳一动独伤神
谁知北海吞毡日，不爱英雄爱美人。

9. 白马湖之冬

◉ 夏丏尊

在我过去四十余年的生涯中，冬的情味尝得最深刻的，要算十年前初移居白马湖的时候了。十年以来，白马湖已成了一个小村落，当我移居的时候，还是一片荒野。春晖中学的新建筑巍然矗立于湖的那一面，湖的这一面的山脚下是小小的几间新平屋，住着我和刘君心如两家。此外两三里内没有人烟。一家人于阴历十一月下旬从热闹的杭州移居这荒凉的山野，宛如投身于极带中。

那里的风，差不多日日有的，呼呼作响，好像虎吼。屋宇虽系新建，构造却极粗率，风从门窗隙缝中来，分外尖削，把门缝窗隙厚厚地用纸糊了，椽缝中却仍有透入。风刮得厉害的时候，天未夜就把大门关上，全家吃毕夜饭即睡入被窝里，静听寒风的怒号，湖水的澎湃。靠山的小后轩，算是我的书斋，在全屋子中风最小的一间，我常把头上的罗宋帽拉得低低地，在洋灯下工作至夜深。松涛如吼，霜月当窗，饥鼠吱吱在承尘上奔窜。我于这种时候深感到萧瑟的诗趣，常独自拨划着炉灰，不肯就睡，把自己拟诸山水画中的人物，作种种幽邈的遐想。

现在的白马湖到处都是树木了，当时尚一株树木都未种。月亮与太阳都是整个儿的，从上山起直要照到下山为止。太阳好的时候，只要不刮风，那真和暖得不像冬天。一家人都坐在庭间曝日，甚至于吃午饭也在屋外，象夏天的晚饭一样。日光晒到哪里，就把椅凳移到哪里，忽然寒风来了，只好逃难似地各自带了椅凳逃入室中，急急把门关上。在平常的日子，风来大概在下午快要傍晚的时候，半夜即息。至于大风寒，那是整日夜狂吼，要二三日才止的。最严寒的几天，泥地看去惨白如水门汀，山色冻得发紫而黯，湖波泛深蓝色。

下雪原是我所不憎厌的，下雪的日子，室内分外明亮，晚上差不多不用燃灯。远山积雪足供半个月的观看，举头即可从窗中望见。可是究竟是南方，每冬下雪不过一二次。我在那里所日常领略的冬情味，几乎都从风来。白马湖的所以多风，可以说有着地理上的原因。那里环湖都是山，而北面却有一个半里阔的空隙，好似故意张了袋口欢迎风来的样子。白马湖的山水和普通的风景地相差不远，唯有风却与别的地方不同。风的多和大，凡是到过那里的人都知道的。风在冬季的感觉中，自古占着重要的因素，而白马湖的风尤其特别。

现在，一家僦居上海多日了，偶然于夜入静时听到风声，大家就要提起白马湖来，说"白马湖不知今夜又刮得怎样厉害哩！"

10. 良乡栗子

● 夏丏尊

"请，趁热。"

"啊！日子过得真快！又到了吃良乡栗子的时候了。"

"像我们这种住弄堂房子的人，差不多是不觉得季候的。春、夏、秋、冬，都不知不觉地让它来，不知不觉地让它过去。

前几天在街上买着苹果、柿子、良乡栗子，才觉到已到深秋了。"

"向来有'良乡栗子，难过日子'的俗语，每年良乡栗子上市，寒冷就跟着来了。良乡栗子对于穷人，着实是一个威胁哩。"

"今年是大荒年，更难过日子吧。咿哟，这几个年头儿，穷人老是难过日子，不管良乡栗子不良乡栗子，'半山梅子'的时候，何曾好过日子？'奉化桃子'的时候，也何曾好过日子？"

"对了，那原是几十年前的老话罢咧，世界变得真快，光是良乡栗子，也和从前不同了。"

"有什么不同？"

"从前的良乡栗子是草纸包的，现在改用这样牛皮纸做的袋子了，上面还印得有字。栗子摊招徕买主，向来是一块红纸上写金字的挂牌，后来加用留声机，新近是留声机已不大看见，都改为无线电收音机了。几乎每个栗子摊都有一架收音机。"

"这不是进步吗？"

"进步呢原是进步，可惜总是替外国人销货色。从前的草纸、红纸，不消说是中国货，现在的牛皮纸、收音机是外国货。良乡栗子已着洋装了！你想，我们今天吃两毛钱的良乡栗子，要给外国赚几个钱去？外国人对于良乡栗子一项，每年可销多少牛皮纸？多少收音机？还有印刷纸袋用的油墨、机器？……"

"这是一段很好的提倡国货演说啊！去年是国货年，今年是妇女国货年，明年大概是小孩国货年了吧。有机会时你去上台演说倒好！"

"可惜没人要我去演说，演说了其实也没有用。中国的军备、交通、卫生、文化、教育、工艺，哪一件不是直接间接替外国人推销货色的玩意儿？"

"唉！——还是吃良乡栗子吧。——这是'良乡栗子大王'，你看，纸袋上就印着这几个字。"

"这也是和从前不同的一点，从前是叫'良乡名栗'，'良乡奎栗'

的，现在改称'大王'了。

外国有的是'钢铁大王''煤油大王''汽车大王'，我们中国有的是'瓜子大王''花生米大王''栗子大王'，再过几天'湖蟹大王'又要来了。什么都是'大王'，好多的'大王'呵！"

"还有哩！'鸦片大王'，'麻将大王'，'牛皮大王'……"

"现在不但大王多，皇后也多。什么'东宫皇后'咧，'西宫皇后'咧，名目很多，至于'电影皇后'，'跳舞皇后'，更不计其数。"

"这是很自然的，自古说'一阴一阳之为道'，有这许多'大王'，当然要有这许多'皇后'才相称。否则还成世界吗?"

"哈哈!"

11. 海

◉ 许地山

我的朋友说："人的自由和希望，一到海面就完全失掉了！因为我们太不上算，在这无涯浪中无从显出我们有限的能力和意志。"

我说："我们浮在这上面，眼前虽不能十分如意，但后来要遇着的，或者超乎我们底能力和意志之外。所以在一个风狂浪骇的海面上，不能准说我们要到什么地方就可以达到什么地方；我们只能把性命先保持住，随着波涛颠来簸去便了。"

我们坐在一只不如意的救生船里，眼看着载我们到半海就毁坏的大船渐渐沉下去。

我的朋友说："你看，那要载我们到目的地的船快要歇息去了！现在在这茫茫的空海中，我们可没有主意啦。"

幸而同船底人，心忧得很，没有注意听他的话。我把他底手摇了一下说："朋友，这是你纵谈的时候么？你不帮着划桨么？"

"划桨么？这是容易的事。但要划到哪里去呢？"

我说："在一切的海里，遇着这样的光景，谁也没有带着主意下来，谁也脱不了在上面泛来泛去。我们尽管划罢。"

（原刊 1922 年 5 月《小说月报》第 13 卷第 5 号）

12. 梨花

◉ 许地山

她们还在园里玩，也不理会细雨丝丝穿入她们底罗衣。池边梨花的颜色被雨洗得更白净了，但朵朵都懒懒地垂着。

姊姊说："你看，花儿都倦得要睡了！"

"待我来摇醒他们。"

姊姊不及发言，妹妹的手早已抓住树枝摇了几下。花瓣和水珠纷纷地落下来，铺得银片满地，煞是好玩。

妹妹说："好玩啊，花瓣一离开树枝，就活动起来了！"

"活动什么？你看，花儿的泪都滴在我身上哪。"姊姊说这话时，带着几分怒气，推了妹妹一下。她接着说，"我不和你玩了，你自己在这里罢。"

妹妹见姊姊走了，直站在树下出神。停了半晌，老妈子走来，牵着她，一面走着，说："你看，你的衣服都湿透了，在阴雨天，每日要换几次衣服，教人到哪里找太阳给你晒去呢？"

落下来的花瓣，有些被她们底鞋印入泥中；有些粘在妹妹身上，被她带走；有些浮在池面，被鱼儿衔入水里。那多情的燕子不歇把鞋印上的残瓣和软泥一同衔在口中，到梁间去，构成它们底香巢。

（原刊 1922 年 5 月《小说月报》第 13 卷第 5 号）

13．生

◉ 许地山

我的生活好像一棵龙舌兰，一叶一叶慢慢地长起来。某一片叶在一个时期曾被那美丽的昆虫做过巢穴；某一片叶曾被小鸟们歇在上头歌唱过。现在那些叶子都落掉了！只有瘢痕的痕迹留在干上，人也忘了某叶某叶曾经显过的样子；那些叶子曾经历过的事迹唯有龙舌兰自己可以记忆得来，可是他不能说给别人知道。

我的生活好像我手里这管笛子。他在竹林里长着的时候，许多好鸟歌唱给他听；许多猛兽长啸给他听；甚至天中的风雨雷电都不时教给他发音底方法。

他长大了，一切教师所教的都纳入他的记忆里。然而他身中仍是空空洞洞，没有什么。

做乐器者把他截下来，开几个气孔，搁在唇边一吹，他从前学的都吐露出来了。

14. 无忧花

◉ 许地山

加多怜新近从南方回来，因为她父亲刚去世，遗下很多财产给她几位兄妹。她分得几万元现款和一所房子，那房子很宽，是她小时跟着父亲居住过的。很多可纪念的交际会都在那里举行过，所以她宁愿少得五万元，也要向她哥哥换那房子。她的丈夫朴君，在南方一个县里教育机关当一份小差事。所得薪俸虽不很够用，幸亏祖宗给他留下一点产业，还可以勉强度过日子。

自从加多怜沾着新法律的利益，得了父亲这笔遗产，她便嫌朴君所住的地方闭塞简陋，没有公园、戏院，没有舞场，也没有够得上与她交游的人物。在穷乡僻壤里，她在外洋十年间所学的种种自然没有施展的地方。她所受的教育使她要求都市底物质生活，喜欢外国器皿，羡慕西洋人底性情。她的名字原来叫做黄家兰，但是偏要译成英国音义，叫加多怜伊罗。由此可知她的崇拜西方的程度。这次决心离开她丈夫，为的恢复她底都市生活。她把那旧房子修改成中西混合的形式，想等到布置停当才为朴君在本城运动一官半职，希望能够在这里长住下去。

她住的正房已经布置好了。现在正计划着一个游泳池，要将西花园那五间祖祠来改造。两间暗间改做更衣室，把神龛挪进来，改做放首饰、衣服和其它细软的柜子。三间明间改做池了。瓦匠已经把所有的神主都取出来放在一边。还有许多人在那里，搬神龛的搬神龛，起砖的起砖，掘土的掘土。已经工作了好些时，她才来看看。她走到房

门口，便大声嚷："李妈，来把这些神主拿走。"

李妈是个三十岁左右的少妇，长得还不丑，是她父亲用过的人。她问加多怜要把那些神主搬到那里去。加多怜说："爱搬那儿搬那儿。现在不兴拜祖先了，那是迷信。你拿到厨房当劈柴烧了罢。"她说："这可造孽，从来就没有人烧过神主，您还是挑一间空屋子把它们搁起来罢。或者送到大少爷那里也比烧了强。"加多怜说："大爷也不一定要它们。他若是要，早就该搬走。反正我是不要它们了，你要送到大爷那里就送去。若是他也不要，就随你怎样处置，烧了也成，埋了也成，卖了也成。那上头的金的还可以值几十块，你要是把它们卖了，换几件好衣服穿穿，不更好吗？"她答应着，便把十几座神主放在篮里端出去了。

加多怜把话吩咐明白，随即回到自己的正房。房间也是中西混合型。正中一间陈设的东西更是复杂，简直和博物院一样。在这边安排着几件魏、齐造像，那边又是意、法底裸体雕刻。壁上挂的，一方面是香光、石庵底字画，一方面又是什么表现派后期印象派的油彩。一边挂着先人留下来的铁笛玉笙，一边却放着皮安奥与梵欧林。这就是她底客厅。客厅的东西厢房一边是她的卧房和装饰室，一边是客房，所有的设备都是现代化的。她从客厅到装饰室，便躺在一张软床上，看看手表已过五点，就按按电铃，顺手点着一支纸烟。一会，陈妈进来。她说："今晚有舞局，你把我那新做的舞衣拿出来，再打电话叫裁缝立刻把那套蝉纱衣服给送来。回头来侍候洗澡。"陈妈一一答应着便即出去。

她洗完澡出来，坐在妆台前，涂脂抹粉，足够半点钟工夫。陈妈等她装饰好了，便把衣服披在她身上。她问："我这套衣服漂亮不漂亮？"陈妈说："这花了多少钱做的？"她说："这双鞋合中国钱六百块，这套衣服是一千。"陈妈才显出很赞羡的样子说；"那么贵，敢情漂亮啦。"加多怜笑她不会鉴赏，对她解释那双鞋和那套衣服会这么贵和怎样好看的缘故，但她都不懂得。她反而说："这件衣服就够我们穷人置一两顷地。"加多怜说："地有什么用呢？反正有人管你吃的穿的用的就得啦。"陈妈说："这两三年来，太太小姐们穿得越发讲究了，连那位黄老太太也穿得花花绿绿地。"加多怜说："你们看得不顺眼吗？这也不稀奇。你晓得现在娘们都可以跟爷们一样，在外头做买卖、做事和做官；如果打扮得不好，人家一看就讨嫌，什么事都做不成了。"她又笑着说："从前的女人，未嫁以前是一朵花，做了妈妈就成了一个大倭瓜。现在可不然，就是八十岁老太太也得打扮得像小姑娘一样才好。"陈妈知道她心里很高兴，不再说什么，给她披上一件外衣，便出去叫车夫伺候着。

加多怜在软床上坐着等候陈妈的回报，一面从小桌上取了一本洋文的美容杂志，有意无意地翻着。一会儿李妈进来说："真不凑巧，您刚要上门，邸先生又来了。他现时在门口等着，请进来不请呢？"加多怜说："请他这儿来罢。"李妈答应了一声，随即领着邸力里亚进来。邸力里亚是加多怜在纽约留学时所认识的西班牙朋友，现时在领事馆当差。自从加多怜回到这城以来，他几乎每个星期都要来好几次。他是一个很美丽的少年，两撇小胡映着那对像电光闪烁的眼睛。说话时那种浓烈的表情，乍一看见，几乎令人想着他是印度欲天或希拉伊罗斯底化身。他一进门，便直趋到加多怜面前，抚着她的肩膀说："达灵，你正要出门吗？我要同你出去吃晚饭，成不成？"加多怜说："对不住，今晚我得去赴林市长底宴舞会，谢谢你底好意。"她拉着邸先生的手，教他也在软椅上坐，说："无论如何，你既然来了，谈一会再走罢。"他坐下，看见加多怜身边那本美容杂志，便说："你喜欢美国装还是法国装呢，看你的身材，若扮起西班牙装，一定很好看。不信，明天我带些我们国里的装饰月刊来给你看。"加多怜说："好极

了。我知道我一定会很喜欢西班牙的装束。"

　　两个人坐在一起，谈了许久。陈妈推门进来，正要告诉林宅已经催请过，蓦然看见他们在椅子上搂着亲嘴。在半惊慌半诧异意识中，她退出门外。加多怜把邸力里亚推开，叫："陈妈进来。有什么事，是不是林宅来催请呢？"陈妈说："催请过两次了。"那邸先生随即站起来，拉着她的手说："明天再见罢。不再耽误你底美好的时间了。"她叫陈妈领他出门，自己到妆台前再匀匀粉，整理整理头面，一会儿陈妈进来说车已预备好，衣箱也放在车里。加多怜对她说："你们以后该学学洋规矩才成。无论到那个房间，在开门以前，必得敲敲门，叫进才进来。方才邸先生正和我行着洋礼，你闯进来，本来没多大关系，为什么又要缩回去？好在邸先生知道中国风俗，不见怪，不然，可就得罪客人了。"陈妈心里才明白外国风俗，亲嘴是一种礼节，她连回答了几声"唔，唔"，随即到下房去。

　　加多怜来到林宅，五六十位客人已经到齐了。市长和他底夫人走到跟前同她握手。她说："对不住，来迟了。"市长连说："不迟不迟，来得正是时候。"他们与她应酬几句，又去同别的客人周旋。席间也有很多她所认识的朋友，所以她谈笑自如很不寂寞。席散后，麻雀党员、扑克党员、白面党员等等，各从其类，各自消遣。但大部分的男女宾都到舞厅去。她底舞艺本是冠绝一城的，所以在场上的独舞与合舞都博得宾众底赞赏。

　　已经舞过很多次了。这回是市长和加多怜配舞。在进行时，市长极力赞美她身材底苗条和技术底纯熟。她越发播弄种种妩媚的姿态，把那市长底心绪搅得纷乱。这次完毕，接着又是她底独舞。市长目送着她进更衣室，静悄悄地等着她出来、众宾又舞过一回，不一会，灯光全都熄了，她底步伐随着音乐慢慢地踏入场中。她头上的纱巾和身上的纱衣满都是萤火所发出的光，身体的全部在磷光闪烁中断续地透露出来。头面四周更是明亮，直如圆光一样。这动物质的衣裳比起其余的舞衣真像寒冰狱里的鬼皮与天宫底霓裳的相差。舞罢，市长问她这件舞衣的做法。她说用萤火缝在薄纱里，在黑暗中不用反射灯能够自己放出光明来。市长赞她聪明，说会场中一定有许多人不知道，也许有人会想着天衣也不过如此。

她更衣以后，同市长到小客厅去休息。在谈话间，市长便问她说："听说您不想回南方了，是不是？"她回答说："不错，我有这样打算；不过我得替朴君在这里找一点事做才成。不然，他必不让我一个人在这里住着，如果他不能找着事情，我就想自己去考考文官，希望能考取了，派到这里来。"市长笑着说："像您这样漂亮，还用考什么文官武官呢！您只告诉我您愿意做什么官，我明儿就下委札。"她说："不好罢？我也不知道我能做什么官。您若肯提拔，就请派朴君一点小差事，那就感激不尽了，市长说："您底先生我没见过，不便造次。依我看来，您自己做做官，岂不更抖吗？官有什么叫做会做不会做！您若肯做就能做，回头我到公事房看看有什么缺，马上就把您补上好啦。若是目前没有缺，我就给您一个秘书的名义。"她摇头，笑着说："当秘书，可不敢奉命。女的当人家的秘书都要给人说闲话的。"市长说："那倒没有关系，不过有点屈才而已。当然我得把比较重要的事情来劳叨。"

舞会到夜阑才散。加多怜得着市长应许给官做，回家以后，还在卧房里独自跳跃着。

从前老辈们每笑后生小子所学非用，到近年来，学也可以不必，简直就是不学有所用。市长在舞会所许加多怜的事已经实现了。她已做了好几个月的特税局帮办，每月除到局支几万元薪水以外，其余的时间都是她自己的。督办是市长自己场兼。实际办事的是局里的主任先生们。她也安置了李妈的丈夫李富在局里，为的是有事可以关照一

下。每日里她只往来于饭店、舞场和显官豪绅的家庭间，无忧虑地过着太平日子。平常她起床的时间总在中午左右，午饭总要到下午三四点，饭后便出门应酬，到上午三四点才回家。若是与邸力里亚有约会或朋友们来家里玩，她就不出门，也起得早一点。

在东北事件发生后一个月的一天早晨，李妈在厨房为她底主人预备床头点心，陈妈把客厅归着好，也到厨房来找东西吃。她见李妈在那里忙着，便问："现在才十点多，太太就醒啦？"李妈说："快了罢，今天中午有饭局，十二点得出门。不是不许叫'太太'吗？你真没记性！"陈妈说："是呀，太太做了官，当然不能再叫太太了。可是叫她做'老爷'，也不合适，回头老爷来到，又该怎样呢？一定得叫'内老爷'、'外老爷'才能够分别出来。"李妈说："那也不对，她不是说管她叫'先生'或是帮办么？'陈妈在灶头拿起一块烤面包抹抹果酱就坐在一边吃。她接着说："不错，可是昨天你们李富从局里来，问'先生在家不在'，我一时也拐不过弯来；后来他说太太，我才想起来。你说现在的新鲜事可乐不可乐？"李妈说："这不算什么，还有更可乐的啦。"陈妈说："可不是！那'行洋礼'的事。他们一天到晚就行着这洋礼。"她嘻笑了一阵，又说："昨晚那郎先生闹到三点才走。送出院子，又是一回洋礼，还接着'达灵'、'达灵'叫了一阵。我说李姐，你想他们是怎么一回事？"李妈说："谁知道，听说外国就是这样乱，不是两口子的男女搂在一起也没关系。昨儿她还同邸先生一起在池子里洗澡咧。"陈妈说："提起那池子来了。三天换一次水，水钱二百块，你说是不是，洗的是银子不是水？"李妈说："反正有钱的人把钱就不当钱，又不用自己卖力气，衙门和银行里每月把钱交到手，爱怎花就怎花。像前几个月那套纱衣裳，在四郊收买了一千多只火虫，花了一百多。听说那套料子就是六百，工钱又是二百。第二天要我把那些火虫一只只从小口袋里掏出来。光那条头纱就有五百多只，摘了

一天还没摘完，真把我的胳臂累坏了。三天花二百块的水也好过花八九百块做一件衣服，穿一晚上就拆。这不但糟蹋钱并且造孽。你想，那一千多只火虫底命不是命吗？"陈妈说："不用提那个啦。今天过午，等她出门，咱们也下池子去试一试，好不好？"李妈说："你又来了，上次你偷穿她的衣服，险些闯出事来。现在你又忘了！我可不敢，那个神堂，不晓得还有没有神，若是有，咱们光着身子下去，怕亵渎了受责罚。"陈妈说："人家都不会出毛病，咱们还怕什么？"她站起来，顺手带了些吃的到自己屋里去了。

李妈把早点端到卧房，加多怜已经靠着床背，手拿一本杂志在那里翻着。她问李妈："有信没信？"李妈答应了一声"有"，随把盘子放在床上，问过要穿什么衣服以后便出去了。她从盘子里拿起信来，一封一封看过。其中有一封是朴君的，说他在年底要来。她看过以后，把信放下，并没显出喜悦的神气，皱着眉头，拿起面包来吃。

中午是市长请吃饭，座中只有宾主二人。饭后，市长领到一间密室去。坐定后，市长便笑着说："今天请您来，是为商量一件事情。您如同意，我便往下说。"加多怜说："只要我底能力办得到，岂敢不与督办同意？"

市长说："我知道只要您愿意，就没有办不到的事。我给您说，现在局里存着一大宗缉获的私货和违禁品，价值在一百万以上。我觉得把它们都归了公，怪可惜的，不如想一个化为私的方法，把它们弄一部分出来。若能到手，我留三十万，您留二十七万，局里的人员分二万，再提一万出来做参与这事的人们底应酬费。如果要这事办得没有痕迹，最好找一个外国人来认领。您不是认识一位领事馆的朋友吗？若是他肯帮忙，我们就在应酬费里提出四五千送他。您想这事可以办吗？"加多怜很踌躇，摇着头说："这宗款太大了，恐怕办得不妥，风声泄漏出去您、我都要担干系。"市长大笑说："您到底是个新官僚！

赚几十万算什么？别人从飞机、军舰、军用汽车装运烟土、白面，几千万、几百万就那么容易到手，从来也没曾听见有人质问过。我们赚一百几十万，岂不是小事吗！您请放心，有福大家享，有罪鄙人当。您待一会儿去找那位邸先生商量一下得啦。"她也没主意了，听市长所说，世间简直好像是没有不可做的事情。她站起来，笑着说："好罢，去试试看。"

加多怜来到邸力里亚这里，如此如彼地他说了一遍。这邸先生对于她的要求从没拒绝过。但这次他要同她交换条件才肯办。他要求加多怜同他结婚，因为她在热恋的时候曾对他说过她与朴君离异了。加多怜说："时候还没到，我与他的关系还未完全脱离。此外，我还怕社会的批评。"他说："时候没到，时候没到，到什么时候才算呢？至于社会那有什么可怕的？社会很有力量，像一个勇士一样。可是这勇士是瞎的，只要你不走到他跟前，使他摸着你，他不看见你，也不会伤害你。我们离开中国就是了。我们有了这么些钱，随便到阿根廷住也好，到意大利住也好，就是到我的故乡巴悉罗那住也无不可。我们就这样办罢。我知道你一定要喜欢巴悉罗那的蔚蓝天空。那是没有一个地方能够比得上的，我们可以买一只游船，天天在地中海邀游，再没有比这事快乐的了。"

邸力里亚底话把加多怜说得心动了。她想着和朴君离婚倒是不难，不过这几个月的官做得实在有瘾；若是嫁给外国人，国籍便发生问题，以后能不能回来，更是一个疑问。她说："何必做夫妇呢？我们这样天天在一块玩，不比夫妇更强吗？一做了你的妻子，许多困难的问题都要发生出来。若是要到巴悉罗那去，等事情弄好了，就拿那笔款去花一两年也无妨。我也想到欧洲去玩玩。……"她正说着，小使进来说帮办宅里来电话，请帮办就回去，说老妈子洗澡，给水淹坏了。加多怜立刻起身告辞。邸先生说："我跟你去罢，也许用得着我。"于是

二人坐上汽车飞驶到家。

加多怜和邸先生一直来到游泳池边，陈妈和李妈已经被捞起来，一个没死，一个还躺着。她们本要试试水里底滋味，走到跳板上，看见水并不很深，陈妈好玩，把李妈推下去，那里知道跳板的弹性很强，同时又把她弹下去。李妈在水里翻了一个身，冲到池边，一手把绳揪着，可是左臂已擦伤了。陈妈浮起来两三次，一沉到底。李妈大声嚷救命，园里的花匠听见，才赶紧进来，把她们捞起来。邸先生给陈妈施行人工呼吸法，好容易把她救活了。加多怜叫邸先生把她们送到医院去。

邸力里亚从医院回来，加多怜继续与他谈那件事情，他至终应许去找一个外商承认那宗私货，并且发出一封领事馆的证明书。她随即用电话通知督办。督办在电话里一连对她说了许多夸奖的话，其喜欢可知。

两三个月的国难期间，加多怜仍是无忧无虑能乐且乐地过她的生活。那笔大款早已拿到手，那邸先生又催着她一同到巴悉罗那去，她到市长那里，仍然提起她要出洋的事，并已说明这是当时的一个条件。市长说："这事容易办，就请朴君代理您的事情，您要多久回任都可以。"加多怜说："很好，朴君过几天就可以到。我原先叫他过年一三月才来，但他说一定要在年底来。现在给他这差事，真是再好不过了。"

朴君到了。加多怜递给他一张委任状。她对丈夫说，政府派她到欧洲考查税务，急要动身，教他先代理邦办，等她回来再谋别的事情做。朴君是个老实人，太太怎么说，他就怎么答应，心理并且赞赏她底本领。

过几天，加多怜要动身了。她和邸力里亚同行，朴君当然不晓得他们的关系，把他们送到上海候船，便赶快回来。刚一到家，陈妈的

丈夫和李富都在那里等候着。陈妈的丈夫说他妻子自从出院以后，在家里病得不得劲，眼看不能再出来做事了，要求帮办赏一点医药费。李富因局里底人不肯分给他那笔款，教他问邦办要。这事迁延很久，加多怜也曾应许教那班人分些给他，但没办妥就走了。朴君把原委问明，才知道他妻子自离开他以后的做官生活的大概情形。但她已走了，他即不便用书信去问她，又不愿意拿出钱来给他们。说了很久，不得要领，他们都恨恨地走了。

一星期后，特税局的大侵吞案被告发了，告发人便是李富和几个分不着款的局员。市长把事情都推在加多怜身上。把朴君请来。说了许多官话，又把上级机关底公文拿出来朴君看得眼呆呆地，说不出半句话来。市长假装好意说："不要紧，我一定要办到不把阁下看管起来。这事情本不难办，外商来领那宗货物，也是有凭有据，最多也不过是办过失罪，只把尊寓交出来当做赔偿，变卖得多少便算多少，敷衍得过便算了事。我与尊夫人的交情很深，这事可以不必推究；不过事情已经闹到上头，要不办也不成。我知道尊夫人一定也不在乎那所房子，她身边至少也有三十万呢。"

第二天，撤职查办的公文送到，警察也到了。朴君气得把那张委任状掏得粉碎。他底神气直像发狂，要到游泳池投水，幸而那里已有警察，把他看住了。

房子被没收的时候，正是加多怜同邸力里亚离开叫中国的那天。她在敌人的炮火底下，和平日一样，无忧无虑地来到吴淞口。邸先生望着岸上的大火，对加多怜说："这正是我们避乱的机会。我看这仗一时是打不完的，过几年，我们再回来罢。"

15. 江南的冬景

◉ 郁达夫

凡在北国过过冬天的人，总都道围炉煮茗，或吃涮羊肉，剥花生米，饮白干的滋味。而有地炉，暖炕等设备的人家，不管它门外面是雪深几尺，或风大若雷，而躲在屋里过活的两三个月的生活，却是一年之中最有劲的一段蛰居异境；老年人不必说，就是顶喜欢活动的小孩子们，总也是个个在怀恋的，因为当这中间，有的萝卜，雅儿梨等水果的闲食，还有大年夜，正月初一元宵等热闹的节期。

但在江南，可又不同；冬至过后，大江以南的树叶，也不至于脱尽。寒风——西北风——间或吹来，至多也不过冷了一日两日。到得灰云扫尽，落叶满街，晨霜白得像黑女脸上的脂粉似的清早，太阳一上屋檐，鸟雀便又在吱叫，泥地里便又放出水蒸气来，老翁小孩就又可以上门前的隙地里去坐着曝背谈天，营屋外的生涯了；这一种江南的冬景，岂不也可爱得很么？

我生长江南，儿时所受的江南冬日的印象，铭刻特深；虽则渐入中年，又爱上了晚秋，以为秋天正是读读书，写写字的人的最惠季节，但对于江南的冬景，总觉得是可以抵得过北方夏夜的一种特殊情调，说得摩登些，便是一种明朗的情调。

我也曾到过闽粤，在那里过冬天，暖和极了，有时候到了阴历的年边，说不定还不得不拿出纱衫来着；走过野人的篱落，更还看得见许多杂七杂八的秋花！一番阵雨雷鸣过后，略冷一点；至多也只好换上一件夹衣，在闽粤之间，皮袍棉袄是绝对用不着的；这一种极南的

气候异状，并不是我所说的江南的冬景，只能叫它作南国的长春，是春或秋的延长。

江南的地质丰腴而润泽，所以含得住热气，养得住植物；因而长江一带，芦花可以到冬至而不败，红时也有时候会保持得三个月以上的生命。像钱塘江两岸的乌桕树，则红叶落后，还有雪白的桕子着在枝头，一点一丛，用照相机将照出来，可以乱梅花之真。草色顶多成了赭色，根边总带点绿意，非但野火烧不尽，就是寒风也吹不倒的。若遇到风和日暖的午后，你一个人肯上冬郊去走走，则青天碧落之下，你不但感不到岁时的肃杀，并且还可以饱觉着一种莫名其妙的含蓄在那里的生气；"若是冬天来了，春天也总马上会来"的诗人的名句，只有在江南的山野里，最容易体会得出。

说起了寒郊的散步，实在是江南的冬日，所写给江南居住者的一种特异的恩惠；在北方的冰天雪地里生长的人，是终他的一生，也决不会有享受这一种清福的机会的。我不知道德国的冬天，比起我们江浙来如何，但从许多作家的喜欢以 Spaziergang 一字来做他们的创造题目的一点看来，大约是德国南部地方，四季的变迁，总也和我们的江南差不多。譬如说十九世纪的那位乡土诗人洛在格（Peter Rosegger，*1843—1918*）罢，他用这一个"散步"做题目的文章尤其写得多，而所写的情形，却又是大半可以拿到中国江浙的山区地方来适用的。

江南河港交流，且又地滨大海，湖沼特多，故空气里时含水分；到得冬天，不时也会下着微雨，而这微雨寒村里的冬霖景象，又是一种说不出的悠闲境界。你试想想，秋收过后，河流边三五家人家会聚在一道的一个小村子里，门对长桥，窗临远阜，这中间又多是树枝槎丫的杂木树林；在这一幅冬日农村的图上，再洒上一层细得同粉也似的白雨，加上一层淡得几不成墨的背景，你说还够不够悠闲？若再要点景致进去，则门前可以泊一只乌篷小船，茅屋里可以添几个喧哗的酒客，天垂暮了，还可以加一味红黄，在茅屋窗中画上一圈暗示着灯光的月晕。人到了这一个境界，自然会得胸襟洒脱起来，终至于得失俱亡，死生不同了；我们总该还记得唐朝那位诗人做的"暮雨潇潇江上树"的一首绝句罢？诗人到此，连对绿林豪客都客气起来了，这不是江南冬景的迷人又是什么？

一提到雨，也就必然的要想到雪："晚来天欲雪，能饮一杯无？"自然是江南日暮的雪景。"寒沙梅影路，微雪酒香村"，则雪月梅的冬宵三友，会合在一道，在调戏酒姑娘了。"柴门村犬吠，风雪夜归人"，是江南雪夜，更深人静后的景况。"前树深雪里，昨夜一枝开"又到了第二天的早晨，和狗一样喜欢弄雪的村童来报告村景了。诗人的诗句，也许不尽是在江南所写，而做这几句诗的诗人，也许不尽是江南人，但假了这几句诗来描写江南的雪景，岂不直截了当，比我这一枝愚劣的笔所写的散文更美丽得多？

有几年，在江南，在江南也许会没有雨没有雪的过一个冬，到了春间阴历的正月底或二月初再冷一冷下一点春雪的；去年（一九三四）的冬天是如此，今年的冬天恐怕也不得不然，以节气推算起来，大约太冷的日子，将在一九三六年的二月尽头，最多也总不过是七八天的样子。象这样的冬天，乡下人叫作旱冬，对于麦的收成或者好些，但是人口却要受到损伤；旱得久了，白喉，流行性感冒等疾病自然容易上身，可是想恣意享受江南的冬景的人，在这一种冬天，倒只会得到快活一点，因为晴和的日子多了，上郊外去闲步逍遥的机会自然也多；日本人叫作 Hiking，德国人叫作 Spaziergang 狂者，所最欢迎的也就是这样的冬天。

窗外的天气晴朗得象晚秋一样；晴空的高爽，日光的洋溢，引诱得使你在房间里坐不住，空言不如实践，这一种无聊的杂文，我也不再想写下去了，还是拿起手杖，搁下纸笔，上湖上散散步罢！

51

16. 冰川纪秀

◉ 郁达夫

冰川是玉山东南门外环城的一条大溪。我们上玉山到这溪边的时候，因为杭江铁路车尚未通，是由江山坐汽车绕广丰，直驱了二三百里的长路，好容易才走到的。到了冰溪的南岸来一看，在衢州见了颜色两样的城墙时所感到的那种异样的，紧张的空气，更是迫切了；走下汽车，对手执大刀，在浮桥边检查行人的兵士们偷抛了几眼斜视，我们就只好决定不进城去，但在冰川旁边走走，马上再坐原车回江山去。

玉山城外是由这一条天生的城河冰溪环抱在那里的，东南半角却有着好几处雁齿似的浮桥。浮桥的脚上，手捧着明晃晃的大刀，肩负着黄苍苍的马枪，在那里检查入城证、良民证的兵士，看起来相貌都觉得是很可怕。

从冰川第一楼下绕过，沿堤走向东南，一块大空地，一个大森林，就是郭家洲了。武安山障在南边，普宁寺，鹤岭寺接在东首。单就这一角的风景来说，有山有水，还有水车，磨房，渔粱，石墈，水闸，长堤，凡中国画或水彩画里所用得着的各种景点的物品，都已经齐备了；在这样小的一个背景里，能具备着这么些个秀丽的点缀品的地方，我觉得行尽了江浙的两地，也是很不多见的。而尤其是出乎我们的意料之外的，是郭家洲这一个三角洲上的那些树林的疏散的逸韵。

郭家洲，从前大约也是冰溪的流水所经过的地方，但时移势易，沧海现在竟变作了桑田了；那一排疏疏落落的杂树林，同外国古宫旧堡的画上所有的那样的那排大树，少算算，大约总也已经有了百数岁的年纪。

这一次在漫游浙东的途中，看见的山也真不少了，但每次总觉得有点美中不足的，是树木的稀少；不意一跨入了这江西的境界，就近在县城的旁边，居然竟能够看到了这一个自然形成的像公园似的大杂树林！

城里既然进不去，爬山又恐怕没有时间，并且离县城向西向北十来里地的境界，去走就有点儿危险，万不得已，自然只好横过郭家洲，上鹤岭寺山上的那一个北面的空亭，去遥望玉山的城市了。

玉山城里的人家，实在整洁得很。沿城河的一排住宅，窗明几净，倒影溪中，远看好像是威尼斯市里的通衢。太阳斜了，城里头起了炊烟，水上的微波，也渐渐地渐渐地带上了红影。西北的高山一带，有一个尖峰突起，活像是倒插的笔尖，大约是怀玉山了罢？

这一回沿杭江铁路西南直下，千里的游程，到玉山城外终止了。"冰为溪水玉为山！"坐上了向原路回来的汽车，我念着戴叔伦的这一句现成的诗句，觉得这一次旅行的煞尾，倒很有点儿像德国浪漫派诗人的小说。

17. 苏州烟雨记

◉ 郁达夫

一

悠悠的碧落，一天一天的高远起来。清凉的早晚，觉得天寒袖薄，要缝件夹衣，更换单衫。楼头思妇，见了鹅黄的柳色，牵情望远，在绸衾的梦里，每欲奔赴玉门关外去。当这时候，我们若走出户外天空下去，老觉得好像有一件什么重大的物事，被我们忘了似的。可不是么？三伏的暑热，被我们忘掉了哟！

在都市的沉浊的空气中栖息的裸虫！在利欲的争场上吸血的战士！年年岁岁，不知四季的变迁，同鼹鼠似的埋伏在软红尘里的男男女女！你们想发现你们的灵性不想？你们有没有向上更新的念头？你们若欲上空旷的地方，去呼一口自由的空气，一则可以醒醒你们醉生梦死的头脑，二则可以看看那些就快凋谢的青枝绿叶，预藏一个来春再见之机，那么请你们跟了我来，Undich，ich Schnuere Den Sack andwandere，我要去寻访伍子胥吹箫吃食之乡，展拜秦始皇求剑凿穿之墓，并想看看那有名的姑苏台苑哩！

"象以齿毙，膏用明煎"，为人切不可有所专好，因为一有了嗜癖，就不得不为所累。我闲居沪上，半年来既无职业，也无忙事，本来只须有几个买路钱，便是天南地北，也可以悠然独往的，然而实际上却是不然。因为自去年同几个同趣味的朋友，弄了几种我们所爱的文艺刊物出来之后，愚蠢的我们，就不得不天天服海儿克儿斯（ercules）的苦役了，所以九月三日的早晨，决定和友人沈君，乘车上苏州去的时候，我还因有一篇文字没有交出之故，心里只在怦怦的跳动。

那一天（九月三日）也算是一天清秋的好天气。天上虽没有太阳，然而几块淡青的空处，和西洋女子的碧眼一般，在白云浮荡的中间，常在向我们地上的可怜虫密送秋波。不是雨天，不是晴日，若硬要把这一天的天气分出类来，我不管气象台的先生们笑我不笑我，姑且把它叫风云飞舞，阴晴交让的初秋的一日吧。

这一天的早晨，同乡的沈君，跑上我的寓所来说："今天我要上苏州去。"

我从我的屋顶下的房里，看看窗外的天空，听听市上的杂噪，忽而也起了一种怀慕远处之情（Sehusucht mach der Ferne）。九点四十分的时候，我和沈君就摇来摇去的站在三等车中，被机关车搬向苏州去了。

"仙侣同舟！"古人每当行旅的时候，老在心中窃望着这一种艳福。我想人既是动物，无论男女，欲念总不能除，而我既是男人，女人当然是爱的。这一回我和沈君匆促上车，初不料的车上的人是那样拥挤的，后来从后面走上了前面，忽在人丛中听出了一种清脆的笑声来。"明眸皓齿的你们这几位女青年，你们可是上苏州去的么？"我见了她们的那一种活泼的样子，真想开口问她们一声，但是三千年的道德观，和见人就生恐惧的我的自卑狂，只使我红了脸，默默的站在她们身边，不过暗暗的闻吸闻吸从她们发上身上口中蒸发出来的香气罢了。我把她们偷看了几眼，心里又长叹了一声："啊啊！容颜要美，年纪要轻，更要有钱！"

二

我们同车的几个"仙侣"，好像是什么女学校的学生。她们的活泼的样子——使恶魔讲起来就是轻佻——丰肥的肉体——使恶魔讲起来就是多淫——和烂熟的青春，都是神仙应有的条件，但是只有一件，只有一件事情，使我无论如何也不能把她们当作神仙的眷属看。非但如此，为这一件事情的原故，我简直不能把她们当作我的同胞看。这是什么呢，这便是她们故意想出风头而用的英文的谈话。假使我是不懂英文的人，那么从她们的绯红的嘴唇里滚出来的叽哩咕噜，正可以当作天女的灵言听了，倒能够对她们更加一层敬意。假使我是崇拜英文的人，那么听了她们的话，也可以感得几分亲热。但是我偏偏是一个程度与她们相仿的半通英文而又轻视英文的人，所以我的对她们的热意，被她们的谈话一吹几乎吹得冰冷了。世界上的人类，抱着功利主义，受利欲的催眠最深的，我想没有过于英美民族的了。但我们的

这几位女同胞，不用《西厢》《牡丹亭》上的说白来表现她们的思想，不把《红楼梦》上言文一致的文字来代替她们的说话，偏偏要选了商人用的这一种有金钱臭味的英语来卖弄风情，是多么煞风景的事情啊！你们即使要用外国文，也应选择那神韵悠扬的法国语，或者更适当一点的就该用半清半俗，薄爱民语（La languedes Bohemiens），何以要用这卑俗英语呢？啊啊，当现在崇拜黄金的世界，也无怪某某女学等卒业出来的学生，不愿为正当的中国人的糟糠之室，而愿意自荐枕席于那些犹太种的英美的下流商人的。我的朋友有一次说，"我们中国亡了，倒没有什么可惜，我们中国的女性亡了，却是很可惜的。现在在洋场上作寓公的有钱有势的中国的人物，尤其是外交商界政界的人物，他们的妻女，差不多没有一个不失身于外国的下流流氓的，你看这事伤心不伤心哩！"我是两性问题上的一个国粹保存主义者，最不忍见我国的娇美的女同胞，被那些外国流氓去作践。我的在外国留学时代的游荡，也是本于这主义的一种复仇的心思。我现在若有黄金千万，还想去买些白奴来，供我们中国的黄包车夫苦力小工享乐啦！

唉唉！风吹水皱，干依的事，她们在那里贱卖血肉，于我何尤。我且探头出去看车窗外的茂茂的原田，青青的草地，和清溪茅舍，丛林旷地吧！

"啊啊，那一道隐隐的飞帆，这大约是苏州河吧？"

我看了那一条深碧的长河，长河彼岸的粘天的短树，和河内的帆船，就叫着问我的同行者沈君，他还没有回答我之先，立在我背后的一位老先生却回答说："是的，那是苏州河，你看隐约的中间，不是有一条长堤看得见么！没有这一条堤，风势很大，是不便行舟的。"

我注目一看，果真在河中看出了一条隐约的长堤来。这时候，在东面车窗下坐着的旅客，都纷纷站起来望向窗外去。我把头朝转来一望，也看见了一个汪洋的湖面，起了无数的清波，在那里汹涌。天上黑云遮满了，所以湖面也只似用淡墨涂成的样子。湖的东岸，也有一排矮树，同凸出的雕刻似的，以阴沉灰黑的天空作了背景，在那里作苦闷之状。我不晓是什么理由，硬想把这一排沿湖的列树，断定是白杨之林。

三

车过了阳澄湖，同车的旅客，大家不向车的左右看而注意到车的前面去，我知道苏州就不远了。等苏州城内的一枝尖塔看得出来的时候，几位女学生，也停住了她们的黄金色的英语，说了几句中国话："苏州到了！"

"可惜我们不能下去！"

"But we will come in the winter."

她们操的并不是柔媚的苏州音，大约是南京的学生吧？也许是上北京去的，但是我知道了她们不能同我一道下车，心里却起了一种微微的失望。

"女学生诸君，愿你们自重，愿你们能得着几位金龟佳婿，我要下车去了。"

心里这样的讲了几句，我等着车停之后，就顺着了下车的人流，也被他们推来推去的推下了车。

出了车站，马路上站了一忽，我只觉得许多穿长衫的人，路的两旁停着的黄包车、马车，车夫和驴马，都在灰色的空气里混战。跑来跑去的人的叫唤，一个钱两个钱的争执，萧条的道旁的杨柳，黄黄的马路，和在远处看得出来的一道长而且矮的土墙，便是我下车在苏州得着的最初的印象。

湿云低垂下来了。在上海动身时候看得见的几块青淡的天空也被灰色的层云埋没煞了。我仰起头来向天空一望，脸上早接受了两三点冰冷的雨点。

"危险危险，今天的一场冒险，怕要失败。"

我对在旁边站着的沈君这样讲了一句，就急忙招了几个马车夫来问他们的价钱。

我的脚踏苏州的土地，这原是第一次。沈君虽已来过一二回，但是那还是前清太平时节的故事，他的记忆也很模糊了。并且我这一回来，本来是随人热闹，偶尔发作的一种变态旅行，既无作用，又无目的的，所以马夫问我"上哪里去？"的时候，我想了半天，只回答了一句，"到苏州去！"究竟沈君是深于世故的人，看了我的不知所措的样子，就不慌不忙的问马车夫说："到府门去多少钱？"

好像是老熟的样子。马车夫倒也很公平，第一声只要了三块大洋。我们说太贵，他们就马上让了一块，我们又说太贵，他们又让了五角。我们又试了试说太贵，他们却不让了，所以就在一乘开口马车里坐了进去。

起初看不见的微雨，愈下愈大了，我和沈君坐在马车里，尽在野外的一条马路上横斜的前进。青色的草原，疏淡的树林，蜿蜒的城墙，浅浅的城河，变成这样，变成那样的在我们面前交换。醒人的凉风，休休的吹上我的微热的面上，和嗒嗒的马蹄声，在那里合奏交响乐。我一时忘记了秋雨，忘记了在上海剩下的未了的工作，并且忘记了半年来失业困穷的我，心里只想在马车上作独脚的跳舞，嘴里就不知不觉的念出了几句独脚跳舞歌来：

秋在何处，秋在何处？

在蟋蟀的床边，在怨妇楼头的砧杵，

你若要寻秋，你只须去落寞的荒郊行旅，

刺骨的凉风，吹消残暑，

漫漫的田野，刚结成禾黍，

一番雨过，野路牛迹里贮着些儿浅渚，

悠悠的碧落，反映在这浅渚里容与，

月光下，树林里，萧萧落叶的声音，便是秋的私语。

　　我把这几句词不像词，新诗不像新诗的东西唱了一回，又向四边看了一回，只见左右都是荒郊，前面只是一条没有尽头的长路，所以心里就害怕起来，怕马夫要把我们两个人搬到杳无人迹的地方去杀害。探头出去，大声的喝了一声："喂！你把我们拖上什么地方去？"

　　那狡猾的马夫，突然吃了一惊，噗的从那坐凳上跌下来，他的马一时也惊跳了一阵，幸而他虽跌倒在地下，他的马缰绳，还牢捏着不放，所以马没有逃跑。他一边爬起来，一边对我们说："先生！老实说，府门是送不到的，我只能送你们上洋关过去的密度桥上。从密度桥到府门，只有几步路。"

　　他说的是没有丈夫气的苏州话，我被他这几句柔软的话声一说，心已早放下了，并且看看他那五十来岁的面貌，也不像杀人犯的样子，所以点了一点头，就由他去了。

　　马车到了密度桥，我们就在微雨里走了下来，上沈君的友人寄寓在那里的葑门内的严衙前去。

　　四

　　进了封建时代的古城，经过了几条狭小的街巷，更越过了许多环桥，才寻到了沈君的友人施君的寓所。进了葑门以后，在那些清冷的街上，所得着的印象，我怎么也形容不出来，上海的市场，若说是二十世纪的市场，那么这苏州的一隅，只可以说是十八世纪的古都了。上海的杂乱和情形，若说是一个 Busy Port，那么苏州只可以说是一个 Sleepy town 了。总之阊门外的繁华，我未曾见到，专就我于这葑门里一隅的状况看来，我觉得苏州城，竟还是一个浪漫的古都，街上的石块，和人家的建筑，处处的环桥河水和狭小的街衢，没有一件不在那里夸示过去的中国民族的悠悠的态度。这一种美，若硬要用近代语来表现的时候，我想没有比"颓废美"的三字更适当的了。况且那时候天上又飞满了灰黑的湿云，秋雨又在微微的落下。

施君幸而还没有出去，我们一到他住的地方，他就迎了出来。沈君为我们介绍的时候，施君就慢慢的说："原来就是郁君么？难得难得，你做的那篇……，我已经拜读了，失意人谁能不同声一哭！"

原来施君是我们的同乡，我被他说得有些羞愧了，想把话头转一个方向，所以就问他说："施君，你没有事么？我们一同去吃饭吧。"

实际上我那时候，肚里也觉得非常饥饿了。

严衙前附近，都是钟鸣鼎食之家，所以找不出一家菜馆来。没有方法，我们只好进一家名锦帆榭的茶馆，托茶博士去为我们弄些酒菜来吃。因为那时候微雨未止，我们的肚里却响得厉害，想想饿着肚在微雨里奔跑，也不值得，所以就进了那家茶馆——，一则也因为这家茶馆的名字不俗——打算坐它一二个钟头，再作第二步计划。

古语说得好，"有志者事竟成！"我们在锦帆榭的清淡的中厅桌上，喝喝酒，说说闲话，一天微雨，竟被我们的意志力，催阻住了。

初到一个名胜的地方，谁也同小孩子一样，不愿意悠悠的坐着的，我一见雨止，就促施君沈君，一同出了茶馆，打算上各处去逛去。从清冷修整狭小的卧龙街一直跑将下去，拐了一个弯，又走了几步，觉得街上的人和两旁的店，渐渐的多起来，繁盛起来，苏州城里最多的卖古书、旧货的店铺，一家一家的少了下去，卖近代的商品的店家，逐渐惹起我的注意来了。施君说："玄妙观就要到了，这就是观前街。"

到了玄妙观内，把四面的情形一看，我觉得玄妙观今日的繁华，与我空想中的境状大异。讲热闹赶不上上海午前的小菜场，讲怪异远

不及上海城内的城隍庙，走尽了玄妙观的前后，在我脑里深深印入的印象，只有二个，一个是三五个女青年在观前街的一家箫琴铺里买箫，我站到她们身边去对她们呆看了许久，她们也回了我几眼。一个是玄妙观门口的一家书馆里，有一位很年轻的学生在那里买我和我朋友共编的杂志。除这两个深刻的印象外，我只觉得玄妙观里的许多茶馆，是苏州人的风雅的趣味的表现。

早晨一早起来，就跑上茶馆去。在那里有天天遇见的熟脸。对于这些熟脸，有妻子的人，觉得比妻子还亲而不狎，没有妻子的人，当然可把茶馆当作家庭，把这些同类当作兄弟了。大热的时候，坐在茶馆里，身上发出来的一阵阵的汗水，可以以口中咽下去的一口口的茶去填补。茶馆内虽则不通空气，但也没有火热的太阳，并且张三李四的家庭内幕和东洋中国的国际闲谈，都可以消去逼人的盛暑。天冷的时候，坐在茶馆里，第一个好处，就是现成的热茶。除茶喝多了，小便的时候要起冷噤之外，吞下几碗刚滚的热茶到肚里，一时却能消渴消寒。贫苦一点的人，更可以借此熬饥。若茶馆主人开通一点，请几位奇形怪状的说书者来说书，风雅的茶客的兴趣，当然更要增加。有几家茶馆里有几个茶客，听说从十几岁的时候坐起，坐到五六十岁死时候止，坐的老是同一个座位，天天上茶馆来一分也不迟，一分也不早，老是在同一个时间。非但如此，有几个人，他自家死的时候，还要把这一个座位写在遗嘱里，要他的儿子天天去坐他那一个遗座。近来百货店的组织法应用到茶业上，茶馆的前头，除香气烹人的"火烧""锅贴""包子""烤山芋"之外，并且有酒有菜，足可使茶馆一天不出外而不感得什么缺憾。像上海的青莲阁，非但饮食俱全，并且人肉也在贱卖，中国的这样文明的茶馆，我想该是二十世纪的世界之光了。所以盲目的外国人，你们若要来调查中国的事情，你们只须上茶馆去调查就是，你们要想来管理中国，也须先去征得各茶馆里的茶

客的同意，因为中国的国会所代表的，是中国人的劣根性无耻与贪婪，这些茶客所代表的倒是真真的民意哩！

五

出了玄妙观，我们又走了许多路，去逛遂园。遂园在苏州，同我在上海一样，有许多人还不晓得它的存在。从很狭很小的一个坍败的门口，曲曲折折走尽了几条小弄，我们才到了遂园的中心。苏州的建筑，以我这半日的经验讲来，进门的地方，都是狭窄芜废，走过几条曲巷，才有轩敞华丽的屋宇。我不知这一种方式，还是法国大革命前的民家一样，为避税而想出来的呢？还是为唤醒观者的观听起见，有修辞学上的欲扬先抑的笔法，使能得着一个对称的效力而想出来的？

遂园是一个中国式的庭园，有假山有池水有亭阁，有小桥也有几枝树木。不过各处的坍败的形迹和水上开残的荷花荷叶，同暗澹的天气合作一起，使我感到了一种秋意，使我看出了中国的将来和我自家的凋零的结果。啊！遂园呀遂园，我爱你这一种颓唐的情调！

在荷花池上的一个亭子里，喝了一碗茶，走出来的时候，我们在正厅上却遇着了许多穿轻绸绣缎的绅士淑女，静静的坐在那里喝茶咬瓜子，等说书者的到来。我在前面说过的中国人的悠悠的态度，和中国的亡国的悲壮美，在此地也能看得出来。啊啊，可怜我为人在客，否则我也挨到那些皮肤嫩白的太太小姐们的边上去静坐了。

出了遂园，我们因为时间不早，就劝施君回寓。我与沈君在狭长的街上漂流了一会，就决定到虎丘去。

18. 故都的秋

◉ 郁达夫

秋天，无论在什么地方的秋天，总是好的；可是啊，北国的秋，却特别地来得清，来得静，来得悲凉。我的不远千里，要从杭州赶上青岛，更要从青岛赶上北平来的理由，也不过想饱尝一尝这"秋"，这故都的秋味。

江南，秋当然也是有的；但草木凋得慢，空气来得润，天的颜色显得淡，并且又时常多雨而少风，一个人夹在苏州上海杭州，或厦门香港广州的市民中间，浑浑沌沌地过去，只能感到一点点清凉，秋的味，秋的色，秋的意境与姿态，总看不饱，尝不透，赏玩不到十足。秋并不是名花，也并不是美酒，那一种半开、半醉的状态，在领略秋的过程上，是不合适的。

不逢北国之秋，已将近十余年了。在南方每年到了秋天，总要想起陶然亭的芦花，钓鱼台的柳影，西山的虫唱，玉泉的夜月，潭柘寺的钟声。在北平即使不出门去罢，就是在皇城人海之中，租人家一椽破屋来住着，早晨起来，泡一碗浓茶，向院子一坐，你也能看得到很高很高的碧绿的天色，听得到青天下驯鸽的飞声。从槐树叶底，朝东细数着一丝一丝漏下来的日光，或在破壁腰中，静对着像喇叭似的牵牛花（朝荣）的蓝朵，自然而然地也能够感觉到十分的秋意。说到了牵牛花，我以为以蓝色或白色者为佳，紫黑色次之，淡红色最下。最好，还要在牵牛花底，教长着几根疏疏落落的尖细且长的秋草，使作

陪衬。

北国的槐树，也是一种能使人联想起秋来的点缀。像花而又不是花的那一种落蕊，早晨起来，会铺得满地。脚踏上去，声音也没有，气味也没有，只能感出一点点极微细极柔软的触觉。扫街的在树影下一阵扫后，灰土上留下来的一条条扫帚的丝纹，看起来既觉得细腻，又觉得清闲，潜意识下并且还觉得有点儿落寞，古人所说的梧桐一叶而天下知秋的遥想，大约也就在这些深沉的地方。

秋蝉的衰弱的残声，更是北国的特产；因为北平处处全长着树，屋子又低，所以无论在什么地方，都听得见它们的啼唱。在南方是非要上郊外或山上去才听得到的。这秋蝉的嘶叫，在北平可和蟋蟀耗子一样，简直像是家家户户都养在家里的家虫。

还有秋雨哩，北方的秋雨，也似乎比南方的下得奇，下得有味，下得更像样。

在灰沉沉的天底下，忽而来一阵凉风，便息列索落地下起雨来了。一层雨过，云渐渐地卷向了西去，天又青了，太阳又露出脸来了；着着很厚的青布单衣或夹袄的都市闲人，咬着烟管，在雨后的斜桥影里，上桥头树底下去一立，遇见熟人，便会用了缓慢悠闲的声调，微叹着互答着的说："唉，天可真凉了——"（这了字念得很高，拖得很长。）

"可不是么？一层秋雨一层凉了！"

北方人念阵字，总老像是层字，平平仄仄起来，这念错的歧韵，倒来得正好。

北方的果树，到秋来，也是一种奇景。第一是枣子树；屋角，墙头，茅房边上，灶房门口，它都会一株株地长大起来。像橄榄又像鸽蛋似的这枣子颗儿，在小椭圆形的细叶中间，显出淡绿微黄的颜色的时候，正是秋的全盛时期；等枣树叶落，枣子红完，西北风就要起来了，北方便是尘沙灰土的世界，只有这枣子、柿子、葡萄，成熟到八

九分的七八月之交，是北国的清秋的佳日，是一年之中最好也没有的 Golden Days。

有些批评家说，中国的文人学士，尤其是诗人，都带着很浓厚的颓废色彩，所以中国的诗文里，颂赞秋的文字特别的多。但外国的诗人，又何尝不然？我虽则外国诗文念得不多，也不想开出账来，做一篇秋的诗歌散文钞，但你若去一翻英德法意等诗人的集子，或各国的诗文的 Anthology 来，总能够看到许多关于秋的歌颂与悲啼。各著名的大诗人的长篇田园诗或四季诗里，也总以关于秋的部分，写得最出色和最有味。足见有感觉的动物，有情趣的人类，对于秋，总是一样的能特别引起深沉，幽远，严厉，萧索的感触来的。不单是诗人，就是被关闭在牢狱里的囚犯，到了秋天，我想也一定会感到一种不能自已的深情；秋之于人，何尝有国别，更何尝有人种阶级的区别呢？不过在中国，文字里有一个"秋士"的成语，读本里又有着很普遍的欧阳子的《秋声》与苏东坡的《赤壁赋》等，就觉得中国的文人，与秋的关系特别深了。可是这秋的深味，尤其是中国的秋的深味，非要在北方，才感受得到底。

南国之秋，当然是也有它的特异的地方的，比如二十四桥的明月，钱塘江的秋潮，普陀山的凉雾，荔枝湾的残荷等等，可是色彩不浓，回味不永。比起北国的秋来，正像是黄酒之与白干，稀饭之与馍馍，鲈鱼之与大蟹，黄犬之与骆驼。

秋天，这北国的秋天，若留得住的话，我愿把寿命的三分之二折去，换得一个三分之一的零头。

19. 方岩纪静

● 郁达夫

　　方岩在永康县东北五十里。自金华至永康的百余里，有公共汽车可坐，从永康至方岩就非坐轿或步行不可；我们去的那天，因为天阴欲雨，所以在永康下公共汽车后就都坐了轿子，向东前进。十五里过金山村，又十五里到芝英是一大镇，居民约有千户，多应姓者；停轿少息，雨愈下愈大了，就买了些油纸之类，作防雨具。再行十余里，两旁就有起山来了，峰岩奇特，老树纵横，在微雨里望去，形状不一，轿夫一一指示说："这是公婆岩，那是老虎岩，……老鼠梯。"等等，说了一大串，又数里，就到了岩下街，已经是在方岩的脚下了。

　　凡到过金华的人，总该有这样的一个经验，在旅馆里住下后，每会有些着青布长衫，文质彬彬的乡下先生，来盘问你："是否去方岩烧香的？这是第几次来进香了？从前住过哪一家？"

　　你若回答他说是第一次去方岩，那他就会拿出一张名片来，请你上方岩去后，到这一家去住宿。这些都是岩下街的房头，像旅店而又略异的接客者。远在数百里外，就有这些派出代理人来兜揽生意，一则也可以想见一年到头方岩香市之盛，一则也可以推想岩下街四五百家人家，竞争的激烈。

　　岩下街的所谓房头，经营旅店业而专靠胡公庙吃饭者，总有三五千人，大半系程应二姓，文风极盛，财产也各可观，房子都系三层楼。大抵的情形，下层系建筑在谷里，中层沿街，上层为楼，房间一家总有三五十间，香市盛的时候，听说每家都患人满。香客之自绍兴、处州、杭州及近县来者，为数固已不少，最远者，且有自福建来的。

从岩下街起，曲折再行三五里，就上山；山上的石级是数不清的，密而且峻，盘旋环绕，要走一个钟头，才走得到胡公庙的峰门。

胡公名则，字子正，永康人，宋兵部侍郎，尝奏免衢婺二州民丁钱，所以百姓感德，立庙祀之。胡公少时，曾在方岩读过书，故而庙在方岩者为老牌真货。且时显灵异，最著的，有下列数则：

宋徽宗时，寇略永康，乡民避寇于方岩，岩有千人坑，大藤悬挂，寇至缘藤而上，忽见赤蛇啮藤断，寇都坠死。

盗起清溪，盘踞方岩，首魁夜梦神饮马于岩之池，平明池涸，其徒惊溃。

洪杨事起，近乡近村多遭劫，独方岩得无恙。

民国三年，嵊县乡民，慕胡公之灵异，造庙祀之，乘昏夜来方岩盗胡公头去，欲以之造像，公梦示知事及近乡农民，属捉盗神像头者，盗尽就逮。是年冬间嵊县一乡大火，凡预闻盗公头者皆烧失。翌年八月该乡民又有二人来进香，各毙于路上。

类似这样的奇迹灵异，还数不胜数，所以一年四季，方岩香火不绝，而尤以春秋为盛，朝山进香者，络绎于四方数百里的途上。金华人之远旅他乡者，各就其地建胡公庙以祀公，虽然说是迷信，但感化威力的扩大，实在也出乎我们的意料之外，这就是方岩的盛名所以能远播各地的一近因而说的话，至于我们的不远千里，必欲至方岩一看的原因，却在它的山水的幽静灵秀，完全与别种山峰不同的地方。

方岩附近的山，都是绝壁陡起，高二三百丈，面积周围三五里至六七里不等。而峰顶与峰脚，面积无大差异，形状或方或圆，绝似硕大的撑天圆柱。峰岩顶上，又都是平地，林木丛丛，簇生如发。峰的腰际，只是一层一层的沙石岩壁，可望而不可登。间有瀑布奔流，奇树突现，自朝至暮，因日光风雨之移易，形状景象，也千变万化，捉

摸不定。山之伟观到此大约是可以说得已臻极顶了罢？

从前看中国画里的奇岩绝壁，皴法皱迭，苍劲雄伟到不可思议的地步，现在到了方岩，向各山略一举目，才知道南宗北派的画山点石，都还有未到之处。在学校里初学英文的时候，读到那一位美国清教作家何桑的《大石面》一篇短篇，颇生异想，身到方岩，方知年幼时的少见多怪，像那篇小说里所写的大石面，在这附近真不知有多多少。我不曾到过埃及，不知沙漠中的 Sphinx 比起这些岩面来，又该是谁兄谁弟。尤其是天造地设，清幽岑寂到令人毛发悚然的一区境界，是方岩北面相去约二三里地的寿山下五峰书院所在的地方。

北面数峰，远近环拱，至西面而南偏，绝壁千丈，成了一条上突下缩的倒覆危墙。危墙腰下，离地约二三丈的地方，墙脚忽而不见，形成大洞，似巨怪之张口，口腔上下，都是石壁，五峰书院，丽泽祠，学易斋，就建筑在这巨口的上下腭之间，不施椽瓦，而风雨莫及，冬暖夏凉，而红尘不到。更奇峭者，就是这绝壁的忽而向东南的一折，递进而突起了固厚，瀑布，桃花，覆釜，鸡鸣的五个奇峰，峰峰都高大似方岩，而形状颜色，各不相同。立在五峰书院的楼上，只听得见四围飞瀑的清音，仰视天小，鸟飞不渡，对视五峰，青紫无言，向东展望，略见白云远树，浮漾在楔形阔处的空中。一种幽静，清新，伟大的感觉，自然而然地袭向人来；朱晦翁，吕东莱，陈龙川诸道学先生的必择此地来讲学，以及一般宋儒的每喜利用山洞或风景幽丽的地方作讲堂，推其本意，大约总也在想借了自然的威力来压制人欲的缘故，不看金华的山水，这种宋儒的苦心是猜不出来的。

初到方岩的一天，就在微雨里游尽了这五峰书院的周围，与胡公庙的全部。庙在岩顶，规模颇大，前前后后，也有两条街，许多房头，在蒙胡公的福荫；一人成佛，鸡犬都仙，原是中国的旧例。胡公神像，是一位赤面长须的柔和长者，前殿后殿，各有一尊，相貌装饰，两都

一样，大约一尊是预备着于出会时用的。我们去的那日，大约刚逢着了阴历的十月初一，庙中前殿戏台上在演社戏敬神。台前簇拥有许多老幼男女，各流着些被感动了的随喜之泪，而戏中的情节说辞，我们竟一点儿也不懂；问问立在我们身旁的一位像本地出身，能说普通话的中老绅士，方知戏班是本地班，所演的为《杀狗劝妻》一类的孝义杂剧。

　　从胡公庙下山，回到了宿处的程××店中，则客堂上早已经点起了两枝大红烛，摆上了许多大肉大鸡的酒菜，在此我们吃晚饭了，菜蔬丰盛到了极点，但无鱼少海味，所以味也不甚适口。

　　第二天破晓起来，仍坐原轿绕灵岩的福善寺回永康，路上的风景，也很清异。

　　灵岩也系同方岩一样的一枝突起的奇峰，峰的半空，有一穿心大洞，长约二三十丈，广可五六丈左右，所谓福善寺者，就系建筑在这大山洞里的。我们由东首上山进洞的后面，通过一条从洞里隔出来的长巷，出南面洞口而至寺内，居然也有天王殿，韦驮殿，观音堂等设置，山洞的大，也可想见了。南面四山环抱，红叶青枝，照耀得可爱之至；因为天晴了，所以空气澄鲜，一道下山去的曲折石级，自上面望下去，更觉得幽深到不能见底。

　　下灵岩后，向西北的绕道回去，一路上尽是些低昂的山岭与旋绕的清溪，经过园内有两株数百年古柏的周氏祠庙，将至俗名耳朵岭的五木岭口的中间，一段溪光山影，景色真像是在画里；西南处州各地的远山，呼之欲来，回头四望，清入肺腑。

　　过五木岭，就是一大平原，北山隐隐，已经看得见横空的一线，十五里到永康，坐公共汽车回金华，还是午后三四点钟的光景。

20. 钓台的春昼

● 郁达夫

因为近在咫尺，以为什么时候要去就可以去，我们对于本乡本土的名区胜景，反而往往没有机会去玩，或不容易下一个决心去玩的。正惟其是如此，我对于富春江上的严陵，二十年来，心里虽每在记着，但脚却没有向这一方面走过。一九三一，岁在辛未，暮春三月，春服未成，而中央党帝，似乎又想玩一个秦始皇所玩过的把戏了，我接到了警告，就仓皇离去了寓居。先在江浙附近的穷乡里，游息了几天，偶而看见了一家扫墓的行舟，乡愁一动，就定下了归计。绕了一个大弯，赶到故乡，却正好还在清明寒食的节前。和家人等去上了几处坟，与许多不曾见过面的亲戚朋友，来往热闹了几天，一种乡居的倦怠，忽而袭上心来了，于是乎我就决心上钓台访一访严子陵的幽居。

钓台去桐庐县城二十余里，桐庐去富阳县治九十里不足，自富阳溯江而上，坐小火轮三小时可达桐庐，再上则须坐帆船了。

我去的那一天，记得是阴晴欲雨的养花天，并且系坐晚班轮去的，船到桐庐，已经是灯火微明的黄昏时候了，不得已就只得在码头近边的一家旅馆的楼上借了一宵宿。

桐庐县城，大约有三里路长，三千多烟灶，一二万居民，地在富春江西北岸，从前是皖浙交通的要道，现在杭江铁路一开，似乎没有一二十年前的繁华热闹了。尤其要使旅客感到萧条的，却是桐君山脚下的那一队花船的失去了踪影。说起桐君山，却是桐庐县的一个接近城市的灵山胜地，山虽不高，但因有仙，自然是灵了。以形势来论，

这桐君山，也的确是可以产生出许多口音生硬，别具风韵的桐严嫂来的生龙活脉。地处在桐溪东岸，正当桐溪和富春江合流之所，依依一水，西岸便瞰视着桐庐县市的人家烟树。南面对江，便是十里长洲；唐诗人方干的故居，就在这十里桐洲九里花的花田深处。向西越过桐庐县城，更遥遥对着一排高低不定的青峦，这就是富春山的山子山孙了。东北面山下，是一片桑麻沃地，有一条长蛇似的官道，隐而复现，出没盘曲在桃花杨柳洋槐榆树的中间，绕过一支小岭，便是富阳县的境界，大约去程明道的墓地程坟，总也不过一二十里地的间隔。我的去拜谒桐君，瞻仰道观，就在那一天到桐庐的晚上，是淡云微月，正在作雨的时候。

鱼梁渡头，因为夜渡无人，渡船停在东岸的桐君山下。我从此旅馆踱了出来，先在离轮埠不远的渡口停立了几分钟。后来向一位来渡口洗夜饭米的年轻少妇，躬身请问了一回，才得到了渡江的秘诀。她说："你只须高喊两三声，船自会来的。"先谢了她教我的好意，然后以两手围成了播音的喇叭，"喂，喂，渡船请摇过来！"地纵声一喊，果然在半江的黑影当中，船身摇动了。渐摇渐近，五分钟后，我在渡口，却终于听出了咿呀柔橹的声音。时间似乎已经入了酉时的下刻，小市里的群动，这时候都已经静息，自从渡口的那位少妇，在微茫的夜色里，藏去了她那张白团团的面影之后，我独立在江边，不知不觉心里头却兀自感到了一种他乡日暮的悲哀。渡船到岸，船头上起了几声微微的水浪清音，又铜东的一响，我早已跳上了船，渡船也已经掉过头来了。坐在黑影沉沉的舱里，我起先只在静听着柔橹划水的声音，然后却在黑影里看出了一星船家在吸着的长烟管头上的烟火，最后因为被沉默压迫不过，我只好开口说话了："船家！你这样的渡我过去，该给你几个船钱？"我问。"随你先生把几个就是。"船家的说话冗慢幽长，似乎已经带着些睡意了，我就向袋里摸出了两角钱来。"这两

角钱，就算是我的渡船钱，请你候我一会，上山去烧一次夜香，我是依旧要渡过江来的。"船家的回答，只是恩恩乌乌，幽幽同牛叫似的一种鼻音，然而从继这鼻音而起的两三声轻快的咳声听来，他却似已经在感到满足了，因为我也知道，乡间的义渡，船钱最多也不过是两三枚铜子而已。

到了桐君山下，在山影和树影交掩着的崎岖道上，我上岸走不上几步，就被一块乱石绊倒，滑跌了一次。船家似乎也动了恻隐之心了，一句话也不发，跑将上来，他却突然交给了我一盒火柴。我于感谢了一番他的盛意之后，重整步武，再摸上山去，先是必须点一枝火柴走三五步路的，但到得半山，路既就了规律，而微云堆里的半规月色，也朦胧地现出一痕银线来了，所以手里还存着的半盒火柴，就被我藏入了袋里。路是从山的西北，盘曲而上，渐走渐高，半山一到，天也开朗了一点，桐庐县市上的灯火，也星星可数了。更纵目向江心望去，富春江两岸的船上和桐溪合流口停泊着的船尾船头，也看得出一点一点的火来。走过半山，桐君观里的晚祷钟鼓，似乎还没有息尽，耳朵里仿佛听见了几丝木鱼铿钹的残声。走上山顶，先在半途遇着了一道道观外围的女墙，这女墙的栅门，却已经掩上了。在栅门外徘徊了一刻，觉得已经到了此门而不进去，终于是不能满足我这一次暗夜冒险的好奇怪僻的。所以细想了几次，还是决心进去，非进去不可，轻轻用手往里面一推，栅门却呀的一声，早已退向了后方开开了，这门原来是虚掩在那里的。进了栅门，踏着为淡月所映照的石砌平路，向东向南的前走了五六十步，居然走到了道观的大门之外，这两扇朱红漆的大门，不消说是紧闭在那里的。到了此地，我却不想再破门进去了。因为这大门是朝南向着大江开的，门外头是一条一丈来宽的石砌步道，步道的一旁是道观的墙，一旁便是山坡，靠山坡的一面，并且还有一道二尺来高的石墙筑在那里，大约是代替栏杆，防人倾跌下山去的用

意，石墙之上，铺的是二三尺宽的青石，在这似石栏又似石凳的墙上，尽可以坐卧游息，饱看桐江和对岸的风景，就是在这里坐它一晚，也很可以，我又何必去打开门来，惊起那些老道的噩梦呢！

空旷的天空里，流涨着的只是些灰白的云，云层缺处，原也看得出半角的天，和一点两点的星，但看起来最饶风趣的，却仍是欲藏还露，将见仍无的那半规月影。这时候江面上似乎起了风，云脚的迁移，更来得迅速了，而低头向江心一看，几多散乱着的船里的灯光，也忽明忽灭地变换了一变换位置。

这道观大门外的景色，真神奇极了。我当十几年前，在放浪的游程里，曾向瓜州京口一带，消磨过不少的时日。那时觉得果然名不虚传的，确是甘露寺外的江山。而现在到了桐庐，昏夜上这桐君山来一看，又觉得这江山之秀而且静，风景的整而不散，却非那天下第一江山的北固山所可与比拟的了。真也难怪得严子陵，难怪得戴征士，倘使我若能在这样的地方结屋读书，以养天年，那还要什么的高官厚禄，还要什么的浮名虚誉哩？一个人在这桐君观前的石凳上，看看山，看看水，看看城中的灯火和天上的星云，更做做浩无边际的无聊的幻梦，我竟忘了时刻，忘记了自身，直等到隔江的击柝声传来，向西一看，忽而觉得城中的灯影微茫地减了，才跑也似地走下了山来，渡江奔回了客舍。

第二日清晨，觉得昨天的桐君观前做过的残梦正还没有续完的时候，窗外面忽而传来了一阵吹角的声音。好梦虽被打破，但因这同吹竿篥似的商音哀咽，却很含着些荒凉的古意，并且晓风残月，杨柳岸边，也正好候船待发，上严陵去；所以心里虽怀着了些儿怨恨，但脸上却只现出了一痕微笑，起来梳洗更衣，叫茶房去雇船去。雇好了一只双桨的渔舟，买就了些酒菜鱼米，就在旅馆前面的码头上上了船，轻轻向江心摇出去的时候，东方的云幕中间，已现出了几丝红晕，有

八点多钟了。舟师急得厉害，只在埋怨旅馆的茶房，为什么昨晚上不预先告诉，好早一点出发。因为此去就是七里滩头，无风七里，有风七十里，上钓台去玩一趟回来，路程虽则有限，但这几日风雨无常，说不定要走夜路，才回来得了的。

过了桐庐，江心狭窄，浅滩果然多起来了。路上遇着的来往的行舟，数目也是很少，因为早晨吹的角，就是往建德去的快班船的信号，快班船一开，来往于两岸之间的船就不十分多了。两岸全是青青的山，中间是一条清浅的水，有时候过一个沙洲，洲上的桃花菜花，还有许多不晓得名字的白色的花，正在喧闹着春暮，吸引着蜂蝶。我在船头上一口一口的喝着严东关的药酒，指东话西地问着船家，这是什么山，那是什么港，惊叹了半天，称颂了半天，人也觉得倦了，不晓得什么时候，身子却走上了一家水边的酒楼，在和数年不见的几位已经做了党官的朋友高谈阔论。谈论之余，还背诵了一首两三年前曾在同一的情形之下做成的歪诗：

> 不是尊前爱惜身，
> 佯狂难免假成真，
> 曾因酒醉鞭名马，
> 生怕情多累美人。
> 却数东南天作孽，
> 鸡鸣风雨海扬尘，
> 悲歌痛哭终何补，
> 义士纷纷说帝秦。

直到盛筵将散，我酒也不想再喝了，和几位朋友闹得心里各自难堪，连对旁边坐着的两位陪酒的名花都不愿意开口。正在这上下不得的苦闷关头，船家却大声的叫了起来说："先生，罗芷过了，钓台就在前面，你醒醒罢，好上山去烧饭吃去。"

擦擦眼睛，整了一整衣服，抬起头来一看，四面的水光山色又忽而变了样子了。清清的一条浅水，比前又窄了几分，四周的山包得格外的紧了，仿佛是前无去路的样子。并且山容峻削，看去觉得格外的瘦格外的高。向天上地下四围看看，只寂寂的看不见一个人类。双桨的摇响，到此似乎也不敢放肆了，钩的一声过后，要好半天才来一个幽幽的回响，静，静，静，身边水上，山下岩头，只沉浸着太古的静，死灭的静，山峡里连飞鸟的影子也看不见半只。前面的所谓钓台山上，只看得见两个大石垒，一间歪斜的亭子，许多纵横芜杂的草木。山腰里的那座祠堂，也只露着些废垣残瓦，屋上面连炊烟都没有一丝半缕，像是好久好久没有人住了的样子。并且天气又来得阴森，早晨曾经露一露脸过的太阳，这时候早已深藏在云堆里了，余下来的只是时有时无从侧面吹来的阴飕飕的半箭儿山风。船靠了山脚，跟着前面背着酒菜鱼米的船夫走上严先生祠堂的时候，我心里真有点害怕，怕在这荒山里要遇见一个干枯苍老得同丝瓜筋似的严先生的鬼魂。

在祠堂西院的客厅里坐定，和严先生的不知第几代的裔孙谈了几句关于年岁水旱的话后，我的心跳也渐渐儿的镇静下去了，嘱托了他以煮饭烧菜的杂务，我和船家就从断碑乱石中间爬上了钓台。

东西两石垒，高各有二三百尺，离江面约两里来远，东西台相去只有一二百步，但其间却夹着一条深谷。立在东台，可以看得出罗芷的人家，回头展望来路，风景似乎散漫一点，而一上谢氏的西台，向西望去，则幽谷里的清景，却绝对的不像是在人间了。我虽则没有到过瑞士，但到了西台，朝西一看，立时就想起了曾在照片上看见过的戚廉退儿的祠堂。这四山的幽静，这江水的青蓝，简直同在画片上的珂罗版色彩，一色也没有两样，所不同的就是在这儿的变化更多一点，

周围的环境更芜杂不整齐一点而已，但这却是好处，这正是足以代表东方民族性的颓废荒凉的美。

从钓台下来，回到严先生的祠堂——记得这是洪杨以后严州知府戴槃重建的祠堂——西院里饱啖了一顿酒肉，我觉得有点酩酊微醉了。手拿着以火柴柄制成的牙签，走到东面供着严先生神像的龛前，向四面的破壁上一看，翠墨淋漓，题在那里的，竟多是些俗而不雅的过路高官的手笔。最后到了南面的一块白墙头上，在离屋檐不远的一角高处，却看到了我们的一位新近去世的同乡夏灵峰先生的四句似邵尧夫而又略带感慨的诗句。夏灵峰先生虽则只知崇古，不善处今，但是五十年来，像他那样的顽固自尊的亡清遗老，也的确是没有第二个人。比较起现在的那些官迷的南满尚书和东洋宦婢来，他的经术言行，姑且不必去论它，就是以骨头来称称，我想也要比什么罗三郎郑太郎辈，重到好几百倍。慕贤的心一动，熏人臭技自然是难熬了，堆起了几张桌椅，借得了一枝破笔，我也向高墙上在夏灵峰先生的脚后放上了一个陈屁，就是在船舱的梦里，也曾微吟过的那一首歪诗。

从墙头上跳将下来，又向龛前天井去走了一圈，觉得酒后的干喉，有点渴痒了，所以就又走回到了西院，静坐着喝了两碗清茶。在这四大无声，只听见我自己的啾啾喝水的舌音冲击到那座破院的败壁上去的寂静中间，同惊雷似地一响，院后的竹园里却忽而飞出了一声闲长而又有节奏似的鸡啼的声来。同时在门外面歇着的船家，也走进了院门，高声的对我说："先生，我们回去罢，已经是吃点心的时候了，你不听见那只鸡在后山啼么？我们回去罢！"

21. 马缨花开的时候

◉ 郁达夫

约莫到了夜半，觉得怎么也睡不着觉，于起来小便之后，放下玻璃溺器，就顺便走上了向南开着的窗口。把窗帷牵了一牵，低身钻了进去，上半身就像是三明治里的火腿，被夹在玻璃窗与窗帷的中间。

窗外面是二十边的还不十分大缺的下弦月夜，园里的树梢上，隙地上，白色线样的柏油步道上，都洒满了银粉似的月光，在和半透明的黑影互相掩映。周围只是沉寂、清幽，正象是梦里的世界。首夏的季节，按理是应该有点热了，但从毛绒睡衣的织缝眼里侵袭进来的室中空气，尖淋淋还有些儿凉冷的春意。

这儿是法国天主教会所办的慈善医院的特等病房楼，当今天早晨进院来的时候，那个粗暴的青年法国医生，糊糊涂涂的谛听了一遍之后，一直到晚上，还没有回话。只傍晚的时候，那位戴白帽子的牧母来了一次。问她这病究竟是什么病？她也只微笑摇着头，说要问过主任医生，才能知道。

而现在却已经是深沉的午夜了，这些吃慈善饭的人，实在也太没有良心，太不负责任，太没有对众生的同类爱。幸而这病，还是轻的，假若是重病呢？这么的一搁，搁起十几个钟头，难道起死回生的耶稣奇迹，果真的还能在现代的二十世纪里再出来的么？

心里头这样在很着急着，我以前额部抵住了凉阴阴的玻璃窗面，双眼尽在向窗外花园内的朦胧月色，和暗淡花阴，作无心的观赏。立了几分钟，怨了几分钟，在心里学着罗兰夫人的那句名句，叫着哭着：

"慈善呀慈善！在你这令名之下，真不知害死了多少无为的牺牲者，养肥了多少卑劣的圣贤人！"

直等怨恨到了极点的时候，忽而抬起头来一看，在微明的远处，在一堆树影的高头，金光一闪，突然间却看出了一个金色的十字架来。

"啊吓不对，圣母马利亚在显灵了！"

心里这样一转，自然而然地毛发也竖起了尖端。再仔细一望，那个金色十字架，还在月光里闪烁着，动也不动一动。注视了一会，我也有点怕起来了，就逃也似地将目光移向了别处。可是到了这逃避之所的一堆黑树荫中逗留得不久，在这黑沉沉的背景里，又突然显出了许多上尖下阔的白茫茫同心儿一样，比蜡烛稍短的不吉利的白色物体来。一朵两朵，七朵八朵，一眼望去，虽不十分多，但也并不少，这大约总是开残未谢的木兰花罢，为想自己宽一宽自己的心，这样以最善的方法解释着这一种白色的幻影，我就把身体一缩，退回自己床上来了。进院后第二天的午前十点多钟，那位含着神秘的微笑的牧母又静静儿同游水似地来到了我的床边。

"医生说你害的是黄疸病，应该食淡才行。"

柔和地这样的说着，她又伸出手来为我诊脉。她以一只手捏住了我的臂，擎起另外一只手，在看她自己臂上的表。我一言不发，只是张大了眼在打量她的全身上下的奇异的线和色。

头上是由七八根直线和斜角线叠成的一顶雪也似的麻纱白帽子，白影下就是一张肉色微红的柔嫩得同米粉似的脸。因为是睡在那里的缘故，我所看得出来的，只是半张同《神曲》封面画上，印在那里的谭戴似的鼻梁很高的侧面形。而那只瞳仁很大很黑的眼睛哩，却又同在做梦似地向下斜俯着的。足以打破这沉沉的梦影，和静静的周围的两种刺激，便是她生在眼睑上眼睛上的那些很长很黑，虽不十分粗，但却也一根一根地明细分视得出来的眼睫毛和八字眉，与唧唧唧唧，

只在她那只肥白的手臂上静走着的表针声。她静寂地俯着头，按着我的臂，有时候也眨着眼睛，胸口头很细很细的一低一高地吐着气，真不知道听了我几多时的脉，忽而将身体一侧，又微笑着正向着我显示起全面来了，面形是一张中突而长圆的鹅蛋脸。

"你的脉并不快，大约养几天，总马上会好的。"

她的富有着抑扬风韵的话，却是纯粹的北京音。

"是会好的么？不会死的么？"

"啐，您说哪儿的话？"

似乎是嫌我说得太粗暴了，嫣然地一笑，她就立刻静肃敏捷地走转了身，走出了房。而那个"啐，您说哪儿的话？"的余音，却同大钟鸣后，不肯立时静息般的尽在我的脑里耳里踏踏地跑着绕圈儿的马。

医生隔日一来，而苦里带咸的药，一天却要吞服四遍，但足与这些恨事相抵而有余的，倒是那牧母的静肃的降临，有几天她来的次数，竟会比服药的次数多一两回。象这样单调无聊的修道院似的病囚生活，不消说是谁也会感到厌腻的，我于住了一礼拜医院之后，率性连医生也不愿他来，药也不想再服了，可是那牧母的诊脉哩，我却只希望她从早晨起就来替我诊视，一直到夜，不要离开。

起初她来的时候，只不过是含着微笑，量量热度，诊诊我的脉，和说几句不得不说的话而已。但后来有一天在我的枕头底下被她搜出了一册泥而宋版的 Baudelaire 的小册子后，她和我说的话也多了起来，在我床边逗留着的时间也一次次的长起来了。

她告诉了我 Soeursdecharite（白帽子会）的系统和义务，她也告诉了我罗曼加多力克教（Catchisme）的教义总纲领。她说她的哥哥曾经去罗马朝见过教皇，她说她的信心坚定是在十五年前的十四岁的时候。而她的所最对我表示同情的一点，似乎是因为我的老家的远处在北京，"一个人单身病倒了在这举目无亲的上海，哪能够不感到异样的孤凄

与寂寞呢?"尤其是觉得合巧的，两人在谈话的中间，竟发现了两人的老家，都偏处在西城，相去不上二三百步路远，在两家的院子里，是都可以听得见北堂的晨钟暮鼓的。为有这种种的关系，我入院后经过了一礼拜的时候，觉得忌淡也没有什么苦处了，因为每次的膳事，她总叫厨子特别的为我留心，布丁上的奶油也特别的加得多，有几次并且为了医院内的定食不合我的胃口，她竟爱把她自己的几盆我可以吃的菜蔬，差男护士菲列浦一盆一盆的递送过来，来和我的交换。

象这样的在病院里住了半个多月，虽则医生的粗暴顽迷，仍旧改不过来，药味的酸咸带苦，仍旧是格格难吃，但小便中的绛黄色，却也渐渐地褪去，而柔软无力的两只脚，也能够走得动一里以上的路了。

又加以时节逼近了中夏，日长的午后，火热的太阳偏西一点，在房间里闷坐不住，当晚祷之前，她也常肯来和我向楼下的花园里去散一回小步。两人从庭前走出，沿了葡萄架的甬道走过木兰花丛，穿入菩提树林，到前面的假山石旁，有金色十字架竖着的圣母像的石坛圈里，总要在长椅上，坐到晚祷的时候，才走回来。

这舒徐闲适的半小时的晚步，起初不过是隔两日一次或隔日一次的，后来竟成了习惯，变得日日非去走不行了。这在我当然是一种无上的慰藉，可以打破打破一整天的单调生活，而终日忙碌的她似乎也在对这漫步，感受着无穷的兴趣。

又经过了一星期的光景，天气更加热起来了。园里的各种花木，都已经开落得干干净净，只有墙角上的一丛灌木，大约是蔷薇罢，还剩着几朵红白的残花，在那里装点着景色。去盛夏想也已不远，而我也在打算退出这医药费昂贵的慈善医院，转回到北京去过夏去。可是心里虽则在这么的打算，但一则究竟病还没有痊愈，而二则对于这周围的花木，对于这半月余的生活情趣，也觉得有点依依难舍，所以一天一天的捱捱，又过了几天无聊的病囚日子。

　　有一天午后，正当前两天的大雨之余，天气爽朗晴和得特别可爱，我在病室里踱来踱去，心里头感觉得异样的焦闷。大约在铁笼子里徘徊着的新被擒获的狮子，或可以想象得出我此时的心境来，因为那一天从早晨起，一直到将近晚祷的这时候止，一整日中，牧母还不曾来过。

　　晚步的时间过去了，电灯点上了，直到送晚餐来的时候，菲列浦才从他的那件白衣袋里，摸出了一封信来，这不消说是牧母托他转交的信。

　　信里说，她今天上中央会堂去避静去了，休息些时，她将要离开上海，被调到香港的病院中去服务。若来面别，难免得不动伤感，所以相见不如不见。末后再三叮嘱着，教我好好的保养，静想想经传上的圣人的生活。若我能因这次的染病，而归依上帝，浴圣母的慈恩，那她的喜悦就没有比此更大的了。

　　我读了这一封信后，夜饭当然是一瓢也没有下咽。在电灯下呆坐了数十分钟，站将起来向窗外面一看，明蓝的天空里，却早已经升上了一个银盆似的月亮。大约不是十五六，也该是十三四的晚上了。

　　我在窗前又呆立了一会，旋转身就披上了一件新制的法兰绒的长衫，拿起了手杖，慢慢地，慢慢地，走下了楼梯，走出了楼门，走上了那条我们两人日日在晚祷时候走熟了的葡萄甬道。一程一程的走去，月光就在我的身上印出了许多树枝和叠石的影画。到了那圣母像的石坛之内，我在那张两人坐熟了的长椅子上，不知独坐了多少时候。忽而来了一阵微风，我偶然间却闻着了一种极清幽，极淡漠的似花又似叶的朦胧的香气。稍稍移了一移搁在支着手杖的两只手背上的头部，向右肩瞟了一眼，在我自己的衣服上，却又看出了一排非常纤匀的对称树叶的叶影，和几朵花蕊细长花瓣稀薄的花影来。

　　"啊啊！马缨花开了！"

毫不自觉的从嘴里轻轻念出了这一句独语之后，我就从长椅子上站起了身来，走回了病舍。

一九三二年六月

（原载一九三二年八月一日《现代》第一卷第四期）

22. 超山的梅花

● 郁达夫

凡到杭州来游的人，因为交通的便利和时间的经济的关系，总只在西湖一带，登山望水，漫游两三日，便买些土产，如竹篮纸伞之类，匆匆回去；以为雅兴已尽，尘土已经涤去，杭州的山水佳处，都曾享受过了。所以古往今来，一般人只知道三竺六桥，九溪十八涧，或西湖十景，苏小岳王；而离杭城三五十里稍东偏北的一带山水，现在简直是很少有人去玩，并且也不大有人提起的样子。

在古代可不同；至少至少，在清朝的乾嘉道光，去今百余年前，杭州人的好游的，总没有一个不留恋西溪，也没有一个不披蓑戴笠去看半山（即皋亭山）的桃花，超山的香雪的。原因是因为那时候杭州和外埠的交通，所取的路径都是水道；从嘉兴上海等处来往杭州，运河是必经之路。舟入塘栖，两岸就看得到山影；到这里，自杭州去他处的人，渐有离乡去国之感，自外埠到杭州来的人，方看得到山明水秀的一个外廓；因而塘栖镇，和超山、独山等处，便成了一般旅游之人对杭州的记忆的中心。

超山是在塘栖镇南，旧日仁和县（现在并入杭县了）东北六十里的永和乡的，据说高有五十余丈，周二十里（咸淳《临安志》作三十七丈），因其山超然出于皋亭、黄鹤之外，故名。

从前去游超山，是要从湖墅或拱宸桥下船，向东向北向西向南，曲折回环，冲破菱荇水藻而去的；现在汽车路已经开通，自清泰门向东直驶，至乔司站落北更向西，抄过临平镇，由临平山西北，再驰十余里，就可以到了；"小红唱曲我吹箫"的船行雅处，现在虽则要被汽车的机器油破坏得丝缕无余，但坐船和坐汽车的时间的比例，却有五与一的大差。

汽车走过的临平镇，是以释道潜的一首"风蒲猎猎弄轻柔，欲立蜻蜓不自由，五月临平山下路，藕花无数满汀洲"的绝句出名；而超山北面的塘栖镇，又以南宋的隐士，明末清初的田园别墅出名；介与塘栖与超山之间的丁山湖，更以水光山色，鱼虾果木出名；也无怪乎从前的文人骚客，都要向杭州的东面跑，而超山皋亭山的名字每散见于诸名士的歌咏里了。

超山脚下，塘栖附近的居民，因为住近水乡，阡陌不广之故，所靠以谋生的完全是果木的栽培。自春历夏，以及秋冬，梅子、樱桃、枇杷、杏子、甘蔗之类的出产，一年总有百万元内外。所以超山一带的梅林，成千成万；由我们过路的外乡人看来，只以为是乡民趣味的高尚，个个都在学林和靖的终身不娶，殊不知实际上他们却是正在靠此而养活妻孥的哩？

超山的梅花，向来是开在立春前后的；梅干极粗极大，枝叉离披四散，五步一丛，十步一坂，每个梅林，总有千株内外，一株的花朵，又有万颗左右；故而开的时候，香气远传到十里之外的临平山麓，登高而远望下来，自然自成一个雪海；近年来虽说梅株减少了一点，但我想比到罗浮的仙境，总也只有过之，不会不及。从杭州到超山去的汽车路上，过临平山后，两旁已经有一处一处的梅林在迎送了，而汇

聚得最多，游人所必到的看梅胜地，大抵总在汽车站西南，超山东北麓，报慈寺大明堂（亦称大明寺）前头，梅花丛里有一个周梦坡筑的宋梅亭在那里的周围五六里地的一圈地方。

报慈寺里的大殿（大约就是大明堂了吧？）前几年被寺的仇人毁坏了，当时还烧死了一位当家和尚在殿东一块石碑之下。但殿后的一块刻有吴道子画的大士像的石碑，还好好地镶在壁里，丝毫也没有动。去年我去的时候，寺僧刚在募化重修大殿；殿外面的东头，并且已经盖好了三间厢房在作客室。后面高一段的三间后殿，火烧时也不曾烧去，和尚手指着立在殿后壁里的那一块石刻大士像碑说："这都是这位大慈大悲救苦救难广大灵感观世音菩萨的福佑！"

在何春渚删成的《塘栖志略》里，说大明寺前有一口井，井水甘冽！旁树石碣，刻有"踊人堂堂，二曜重光，泉深尺一，点去冰旁；二人相连，不欠一边，三梁四柱烈燃，添却双钩两日全"之碑铭，不识何意等语。但我去大明堂（寺）的时候，却既不见井，也不见碑；而这条碑铭，我从前是曾在一部笔记叫作《桂苑丛谈》的书里看到过一次的。这书记载着："令狐相公出镇淮海日，支使班蒙，与从事诸人，俱游大明寺之西廊，忽睹前壁，题有此铭，诸宾皆莫能辨，独班支使曰：'得非大明寺水，天下无比八字乎？'众皆恍然。"从此看来，《塘栖志略》里所说的大明寺井碑，应是抄来的文章，而编者所谓不识何意者，还是他在故弄玄虚。当然，寺在山麓，地又近水，寺前寺后，井是当然有一口的；井里的泉，也当然是清冽的；不过此碑此铭，却总有点儿可疑。

大明寺前的所谓宋梅，是一棵曲屈苍老，根脚边只剩了两条树皮围拱，中间空心，上面枝干四叉的梅树。因为怕有人折，树外面全部是用一铁丝网罩住的。树当然是一株老树，起码也要比我的年纪大一两倍，但究竟是不是宋梅，我却不敢断定。去年秋天，曾在天台山国清寺的伽蓝殿前，看见过一株所谓隋梅；前年冬天，也曾在临平山下安隐寺里看见过一枝所谓唐梅。但所谓隋，所谓唐，所谓宋等等，我想也不过"所谓"而已，究竟如何，还得去问问植物考古的专家才行。

出大明堂，从梅花林里穿过，西面从吴昌硕的坟旁一条石砌路上攀登上去，是上超山顶去的大路了。一路上有许多同梦也似的疏林，一株两株如被遗忘了似的红白梅花，不少的坟园，在招你上山，到了半山的竹林边的真武殿（俗称中圣殿）外，超山之所以为超，就有点感觉得到了；从这里向东西北的三面望去，是汪洋的湖水，曲折的河身，无数的果树，不断的低岗，还有塘的两面的点点的人家；这便算是塘栖一带的水乡全景的鸟瞰。

从中圣殿再沿石级上去，走过黑龙潭，更走二里，就可以到山顶，第一要使你骇一跳的，是没有到上圣殿之先的那一座天然石筑的天门。到了这里，你才晓得超山的奇特，才晓得志上所说的"山有石鱼石笋等，他石多异形，如人兽状。"诸记载的不虚。实实在在，超山的好处，是在山头一堆石，山下万梅花，至若东瞻大海，南眺钱江，田畴如井，河道如肠，桑麻遍地，云树连天等形容词，则凡在杭州东面的高处，如临平山黄鹤峰上都用得着的，并非是超山独一无二的绝景。

你若到了超山之后，则北去超山七里地外的塘栖镇上，不可不去一到。在那些河流里坐坐船，果树下跑跑路，趣味实在是好不过。两岸人家，中夹一水；走过丁山湖时，向西面看看独山，向东首看看马鞍龟背，想象想象南宋垂亡，福王在庄（至今其地还叫作福王庄）上所过的醉生梦死脂香粉腻的生涯，以及明清之际，诸大佬的园亭别墅，台榭楼堂，或康熙乾隆等数度的临幸，包管你会起一种像读《芜城赋》似的感慨。

又说到了南宋，关于塘栖，还有好几宗故事，值得一提。第一，

卓氏家乘《唐栖考》里说："唐栖者，唐隐士所栖也；隐士名珏，字玉潜，宋末会稽人。少孤，以明经教授乡里子弟而养其母。至元戊寅，浮图总统杨连真伽，利宋攒宫金玉，故为妖言惑主听，发掘之。珏怀愤，乃货家具，召诸恶少，收他骨易遗骸，瘗兰亭山后，而树冬青树识焉。珏后隐居唐栖，人义之，遂名其地为唐栖。"这镇名的来历说，原是人各不同的，但这也岂不是一件极有趣的故实么？还有塘栖西龙河圩，相传有宋宫人墓；昔有士子，秋夜凭栏对月，忽闻有环珮之声，不寐听之，歌一绝云："淡淡春山抹未浓，偶然还记旧行踪，自从一入朱门去，便隔人间几万重。"闻之酸鼻。这当然也是一篇绝哀艳的鬼国文章。

塘栖镇跨在一条水的两岸，水南属杭州，水北属德清；商市的繁盛，酒家的众多，虽说只是一个小小的镇集，但比起有些县城来，怕还要闹热几分。所以游过超山，不愿在山上吃冷豆腐黄米饭的人，尽可以上塘栖镇上去痛饮大嚼；从山脚下走回汽车路去坐汽车上塘栖，原也很便，但这一段路，总以走走路坐坐船更为合适。

一九三五年一月九日

（原载一九三五年二月十五日《新小说》创刊号，据《达夫游记》）

23. 星夜

● 庐　隐

在璀灿的明灯下，华筵间，我只有悄悄的逃逝了，逃逝到无灯光，无月彩的天幕下。丛林危立如鬼影，星光闪烁如幽萤，不必伤繁华如梦，——只这一天寒星，这一地冷雾，已使我万念成灰，心事如冰！

唉！天！运命之神！我深知道我应受的摆布和颠连，我具有的是夜莺的眼，不断的在密菁中寻觅，我看见幽灵的狞羡，我看见黑暗中的灵光！

唉！天！运命之神！我深知道我应受的摆布与颠连，我具有的是杜鹃的舌，不断的哀啼于花荫。枝不残，血不干，这艰辛的旅途便不曾走完！

唉！天！运命之神！我深知道我应受的摆布与颠连，我具有的是深刻惨凄的心情，不断的追求伤毁者的呻吟与悲哭——这便是我生命的燃料，虽因此而灵毁成灰，亦无所怨！

唉！天！运命之神！我深知道我应受的摆布与颠连，我具有的是血迹狼藉的心和身，纵使有一天血化成青烟。这既往的鳞伤，料也难掩埋！咳！因之我不能慰人以柔情，更不能予人以幸福，只有这辛辣的心锥时时刺醒人们绮丽的春梦，将一天欢爱变成永世的咒诅！自然这也许是不可避免的报复！

在璀灿的明灯下，华筵间，我只有悄悄逃逝了！逃逝到无灯光，无月彩的天幕下。丛林无光如鬼影，星光闪烁如幽萤，我徘徊黑暗中，我踯躅星夜下，我恍如亡命者，我恍如逃囚，暂时脱下铁锁和镣铐。不必伤繁华如梦——只这一天寒星，这一地冷雾，已使我万念成灰，心事如冰！

24. 窗外的春光

● 庐　隐

几天不曾见太阳的影子，沉闷包围了她的心。今早从梦中醒来，睁开眼，一线耀眼的阳光已映射在她红色的壁上，连忙披衣起来，走到窗前，把洒着花影的素幔拉开。前几天种的素心兰，已经开了几朵，淡绿色的瓣儿，衬了一颗朱红色的花心，风致真特别，即所谓"冰洁花丛艳小莲，红心一缕更嫣然"了。同时一股沁人心脾的幽香，喷鼻醒脑，平板的周遭，立刻涌起波动，春神的薄翼，似乎已扇动了全世界凝滞的灵魂。

说不出是喜悦，还是惆怅，但是一颗心灵涨得满满的，——莫非是满园春色关不住，——不，这连她自己都不能相信；然而仅仅是为了一些过去的眷恋，而使这颗心不能安定吧！本来人生如梦，在她过去的生活中，有多少梦影已经模糊了，就是从前曾使她惆怅过，甚至于流泪的那种情绪，现在也差不多消逝净尽，就是不曾消逝的而在她心头的意义上，也已经变了色调，那就是说从前以为严重了不得的事，现在看来，也许仅仅只是一些幼稚的可笑罢了！

兰花的清香，又是一阵浓厚的包袭过来，几只蜜蜂嗡嗡的在花旁兜着圈子，她深切的意识到，窗外已充满了春光；同时二十年前的一个梦影，从那深埋的心底复活了：

一个仅仅十零岁的孩子，为了脾气的古怪，不被家人们的了解，于是把她送到一所因牢似的教会学校去寄宿。那学校的校长是美国人，——一个五十岁的老处女，对于孩子们管得异常严厉，整月整年不许孩子走出那所建筑庄严的楼房外去；四围的环境又是异样的枯燥，院子是一片沙上地；在角落里时时可以发现被孩子们踏陷的深坑，坑里纵横着人体的骨骼，没有树也没有花，所以也永远听不见鸟儿的歌曲。

春风有时也许可怜孩子们的寂寞吧！在那洒过春雨的土地上，吹出一些青草来——有一种名叫"辣辣棍棍"的，那草根有些甜辣的味儿，孩子们常常伏在地上，寻找这种草根，放在口里细细的嚼咀；这可算是春给她们特别的恩惠了！

那个孤零的孩子，处在这种阴森冷漠的环境里，更是倔强，没有朋友，在她那小小的心灵中，虽然还不曾认识什么是世界；也不会给这个世界一个估价，不过她总觉得自己所处的这个世界，是有些乏味；她追求另一个世界。在一个春风吹得最起劲的时候，她的心也燃烧着更热烈的希冀，但是这所囚牢似的学校，那一对黑漆的大门仍然严严的关着，就连从门缝看看外面的世界，也只是一个梦想。于是在下课后，她独自跑到地窖里去，那是一个更森严可怕的地方，四围是石板作的墙，房顶也是冷冰冰的大石板，走进去便有一股冷气袭上来，可是在她的心里，总觉得比那死气沉沉的校舍，多少有些神秘性吧。最能引诱她的当然还是那几扇矮小的窗子，因为窗子外就是一座花园。这一天她忽然看见窗前一丛蝴蝶兰和金钟罩，已经盛开了，这算给了她一个大诱惑，自从发现了这窗外的春光后，这个孤零的孩子，在她生命上，也开了一朵光明的花，她每天像一只猫儿般，只要有工夫，便蜷伏在那地窖的窗子上，默然的幻想着窗外神秘的世界。

她没有哲学家那种富有根据的想像，也没有科学家那种理智的头脑，她小小的心，只是被一种天所赋与的热情紧咬着。她觉得自己所坐着的这个地窖，就是所谓人间吧——一切都是冷硬淡漠，而那窗子外的世界却不一样了。那里一切都是美丽的，和谐的，自由的吧！她欣羡着那外面的神秘世界，于是那小小的灵魂，每每跟着春风，一同飞翔了。她觉得自己变成一只蝴蝶，在那盛开着美丽的花丛中翱翔着，有时她觉得自己是一只小鸟，直扑天空，伏在柔软的白云间甜睡着。她整日支着颐不动不响的尽量陶醉，直到夕阳进到山背后，大地垂下黑幕时，她才怏怏的离开那灵魂的休憩地，回到陌生的校舍里去。

她每日每日照例的到地窖里来，——一直过完了整个的春天。忽然她看见蝴蝶兰残了，金钟罩也倒了头，只剩下一丛深碧的叶子，苍茂的在薰风里撼动着，那时她竟莫名其妙的流下眼泪来。这孩子真古怪得可以，十零岁的孩子前途正远大着呢，这春老花残，绿肥红瘦，怎能惹起她那么深切的悲感呢?! 但是孩子从小就是这样古怪，因此她被家人所摒弃。同时也被社会所摒弃。在她的童年里，便只能在梦境里寻求安慰和快乐，一直到她否认现实世界的一切，成了一个疏狂孤介的人。在她三十年的岁月里，只有这些片段的梦境，维系着她的生命。

阳光渐渐的已移到那素心兰上，这目前的窗外春光，撩拨起她童年的眷恋，她深深的叹息了："唉，多缺陷的现实的世界呵! 在这春神努力的创造美丽的刹那间，你也想遮饰起你的丑恶吗? 人类假使的连这些梦影般的安慰也没有，我真不知道人们怎能延续他们的生命哟!"

但愿这窗外的春光，永驻人间吧! 她这样虔诚的默祝着，素心兰像是解意般地向她点着头。

25. 只有梅花知此恨

◉ 庐　隐

唉! 评梅，我的哀苦也不愿再向你深说了，现在我再报你一个惨痛的消息，昨天我接到清妹一封快信，她为了你的死，哀痛将要发狂。她说："梅姊的死至少带去我半个生命!"并且她还要从南方来哭你埋葬你。我得到这个消息之后，我一直担着惊恐，清妹年来的命运太凄苦，天现在更夺去她的梅姊，她小的双肩，怎样担得起这巨重的哀愁! ……唉! 评梅，这几年来，天为什么特别和我们这几个可怜的女孩过不去呢! 使我们尝尽苦恼，使我们受尽揶揄；最难堪的，要算负着创伤的心，还得在人前强为欢笑；在冷酷的人们面前装英雄。眼泪倒流，只有自己知道。唉！评梅你算是解脱了！但是我们呢，从前虽然悲苦，还有你知道，眼泪有时还可以向你流，你虽然也只是陪着我们流泪，可是已足够安慰我们了。现在呢，唉！完了，完了！一切都完了！评梅，我真恨世界，如有轮回的话，我愿生生世世不再作人！评梅！我诚然"只有梅花知此恨"，然而梅花已经仙去，你叫我向谁说？

26. 春的警钟

◉ 庐　隐

不知哪一夜，东风逃出它美丽的皇宫，独驾祥云，在夜里暗影下，窥伺人间。

那时宇宙的一切正偃息于冷凝之中，东风展开它的翅儿向人间轻轻扇动，圣洁的冰凌化成柔波，平静的湖水唱出潺潺的恋歌！

不知哪一夜，花神离开了她庄严的宝座，独驾祥云，在夜的暗影下，窥伺人间。

那时宇宙的一切正抱着冷凝和悲伤，花神用她挽回春光的手段剪裁绫罗，将宇宙装饰得嫣红柔绿，胜似天上宫阙，她悄立万花丛中，赞叹这失而复得的青春！

不知哪一夜，司钟的女神，悄悄的来到人间！

那时人们正饮罢毒酒，沉醉于生之梦中，她站在白云端里敲响了春的警钟。这些迷惘的灵魂，都从梦城惊醒，呆立于尘海之心，——风正跳舞，花正含笑，然而人类却失去了青春！

他们的心已被冰凌刺穿，他们的血已积成了巨澜，时时鼓起腥风吹向人间！

但司钟女神，仍不住声敲响她的警钟，并且高叫道：

"青春！青春！你们要捉住你们的青春！

它有美丽的翅儿，善于逃遁，

在你们踌躇的时候，它已逃去无踪！

青春！青春！你们要捉住你们的青春！"

世界受了这样的警告，人心撩乱到无法医治。

然而，不知哪一夜，东风已经逃回它美丽的皇宫。

不知哪一夜，花神也躲避了悲惨的人间！

不知哪一夜，司钟的女神，也不再敲响她的警钟！

青春已成不可挽回的运命，宇宙从此归复于萧杀沉闷！

27. 玫瑰的刺

● 庐　　隐

当然一个对于世界看得像剧景般的人，他最大的努力就是怎样使这剧景来得丰富与多变化，想使他安于任何一件事，或一个地方，都有些勉强。我的不安于现在，可说是从娘胎里来的，而且无时无刻不想把这种个性表现在各种生活上，我从小就喜欢飘萍浪迹般的生活，无论在什么地方住上半年就觉得发腻，总得想法子换个地方才好，当我中学毕业时虽然还只有十多岁的年龄，而我已开始撇开温和安适的家庭去过那流浪的生活了。记得每次辞别母亲和家人，独自提着简单的行李奔那茫茫的旅途时，她们是那样觉得惘然惜别，而我呢，满心充塞着接受新刺激的兴奋，同时并存着一肩行李两袖清风，来去飘然的情怀。所以在一年之中我至少总想换一两个地方——除非是万不得已时才不。

但人间究竟太少如意事，我虽然这样喜欢变化而在过去的三四年中，我为了生活的压迫，曾经俯首帖耳在古城中度过。这三四年的生活，说来太惨，除了吃白粉条，改墨卷，作留声机器以外，没有更新鲜的事了。并且天天如是，月月如是，年年如是。唉！在这种极度的沉闷中，我真耐不住了。于是决心闯开藩篱打破羁勒，还我天马行空的本色，狭小的人间世界，我不但不留意了，也再不为它的职权所屈服了。所以在过去的一年中，我是浪迹湖海——看过太平洋的汹涛怒浪，走过繁嚣拥挤的东京，流连过西湖的绿漪清波。这些地方以西湖最合我散荡的脾味，所以毫不勉强的在那里住了七个多月，可惜我还是不能就那样安适下去，就是这七个月中我也曾搬了两次家。

第一次住在湖滨——那里的房屋是上海式的鸽子笼，而一般人或美其名叫洋房。我们初搬到洋房时，站在临湖的窗前，看着湖中的烟波，山上的云霞，曾感到神奇变化的趣味，等到三个月住下来，顿觉得湖山无色，烟波平常，一切一切都只是那样简单沉闷，这个使我立刻想到逃亡。后来花了两天工夫，跑遍沿湖的地方，最终在一条大街的弄堂里，发现了一所颇为幽静的洋房；这地方很使我满意，房前有一片苍翠如玉的桑田，桑田背后漾着一湾流水。这水环绕着几亩禾麦离离的麦畦；在热闹的城市中，竟能物色到这种类似村野的地方：早听鸡鸣，夜闻犬吠，使人不禁有世外桃源之想。况且进了那所房子的大门，就看见翠森森一片竹林，在微风里摇掩作态；五色缤纷的指甲花，美人蕉，金针菜，和牵牛，木槿都历历落落布满园中；在万花丛里有一条三合土的马路，路旁种了十余株的葡萄，路尽头便是那宽畅又整洁的回廊。那地方有八间整齐的洋房，绿阴阴的窗纱，映了竹林的青碧，顿觉清凉爽快。这确是我几年来过烦了死板的繁嚣的生活，而想找得的一个休息灵魂的所在。尤其使我高兴的是门额上书着"吾庐"两个字，高人雅士原不敢希冀，但有了正切合我脾味的这个所在，谁管得着是你的"吾庐"，或是他的"吾庐"？暂时不妨算是我的"吾庐"，我就暂且隐居在这里，何不算幸运呢？

在"吾庐"也仅仅住了一个多月，而在这一个多月中，曾有不少值得记忆的片段，这些片段正象是长在美丽芬芳的玫瑰树上的刺，当然有些使接触到它的人们，感到微微的痛楚呢！

28. 白马湖

◉ 朱自清

今天是个下雨的日子。这使我想起了白马湖；因为我第一回到白马湖，正是微风飘萧的春日。

白马湖在甬绍铁道的驿亭站，是个极小极小的乡下地方。在北方说起这个名字，管保一百个人一百个人不知道。但那却是一个不坏的地方。这名字先就是一个不坏的名字。据说从前（宋时？）有个姓周的骑白马入湖仙去，所以有这个名字。这个故事也是一个不坏的故事。假使你乐意搜集，或也可编成一本小书，交北新书局印去。

白马湖并非圆圆的或方方的一个湖，如你所想到的，这是曲曲折折大大小小许多湖的总名。湖水清极了，如你所能想到的，一点儿不含糊像镜子。沿铁路的水，再没有比这里清的，这是公论。遇到旱年的夏季，别处湖里都长了草，这里却还是一清如故。白马湖最大的，也是最好的一个，便是我们住过的屋的门前那一个。那个湖不算小，但湖口让两面的山包抄住了。外面只见微微的碧波而已，想不到有那么大的一片。湖的尽里头，有一个三四十户人家的村落，叫做西徐岙，因为姓徐的多。这村落与外面本是不相通的，村里人要出来得撑船。后来春晖中学在湖边造了房子，这才造了两座玲珑的小木桥，筑起一道煤屑路，直通到驿亭车站。那是窄窄的一条人行路，蜿蜒曲折的，路上虽常不见人，走起来却不见寂寞。尤其在微雨的春天，一个初到的来客，他左顾右盼，是只有觉得热闹的。

春晖中学在湖的最胜处，我们住过的屋也相去不远，是半西式。湖光山色从门里从墙头进来，到我们窗前、桌上。我们几家接连着，丐翁的家最讲究。屋里有名人字画，有古瓷，有铜佛，院子里满种着花。屋子里的陈设又常常变换，给人新鲜的受用。他有这样好的屋子，又是好客如命，我们便不时地上他家里喝老酒。丐翁夫人的烹调也极好，每回总是满满的盘碗拿出来，空空的收回去。白马湖最好的时候是黄昏。湖上的山笼着一层青色的薄雾，在水里映着参差的模糊的影子。水光微微地暗淡，像是一面古铜镜。轻风吹来，有一两缕波纹，但随即平静了。天上偶见几只归鸟，我们看着它们越飞越远，直到不见为止。这个时候便是我们喝酒的时候。我们说话很少；上了灯话才多些，但大家都已微有醉意，是该回家的时候了。若有月光也许还得徘徊一会；若是黑夜，便在暗里摸索醉着回去。

白马湖的春日自然最好。山是青得要滴下来，水是满满的、软软的。小马路的两边，一株间一株地种着小桃与杨柳。小桃上各缀着几朵重瓣的红花，像夜空的疏星。杨柳在暖风里不住地摇曳。在这路上走着，时而听见锐而长的火车的笛声是别有风味的。在春天，不论是晴是雨，是月夜是黑夜，白马湖都好。雨中田里菜花的颜色最早鲜艳，黑夜虽什么不见，但可静静地受用春天的力量。夏夜也有好处，有月时可以在湖里划小船，四面满是青霭。船上望别的村庄，像是蜃楼海市，浮在水上，迷离惝恍的；有时听见人声或犬吠，大有世外之感。

若没有月呢，便在田野里看萤火。那萤火不是一星半点的，如你们在城中所见；那是成千成百的萤火。一片儿飞出来，像金线网似的，又像要着许多火绳似的。只有一层使我愤恨。那里水田多，蚊子太多，而且几乎全闪闪烁烁是疟蚊子。我们一家都染了疟疾，至今三四年了，还有未断根的。蚊子多足以减少露坐夜谈或划船夜游的兴致，这未免是美中不足了。

离开白马湖是三年前的一个冬日。前一晚"别筵"上，有丏翁与云君。我不能忘记丏翁，那是一个真挚豪爽的朋友。但我也不能忘记云君，我应该这样说，那是一个可爱的——孩子。

七月十四日，北平

（载 1929 年 11 月 1 日《清华周刊》第 468 期）

29. 月朦胧，鸟朦胧

◎ 朱自清

他的情韵风怀，原是这样这样的哟！朦胧的岂独月呢，岂独鸟呢？但是，咫尺天涯，教我如何耐得？我拼着千呼万唤，你能够出来么？

这是一张尺多宽的小小的横幅，马孟容君画的。上方的左角，斜着一卷绿色的帘子，稀疏而长。当纸的直处三分之一，横处三分之二。帘子中央，着一黄色的，茶壶嘴似的钩儿——就是所谓软金钩么？"钩弯"垂着双穗，石青色；丝缕微乱，若小曳于轻风中。纸右一圆月，谈谈的青光遍满纸上；月的纯净，柔软与平和，如一张睡美人的脸。从帘上端向右斜伸而下，是一枝交缠的海棠花。花叶扶疏，上下错落着，共有五丛，或散或密，都玲珑有致。叶嫩绿色，仿佛掐得出水似的，在月光中掩映着，微微有浅深之别。花正盛开，红艳欲流，黄色的雄蕊历历的，闪闪的。衬托在丛绿之间，格外觉得娇娆了。枝欹斜而腾挪，如少女的一只臂膊。枝上歇着一对黑色的八哥，背着月光，向着帘里。一只歇着得高些，小小的眼儿半睁半闭的，似乎在入梦之前，还有所留恋似的。那低些的一只别过脸来对着这一只，已缩着颈儿睡了。帘下是空空的，不着一些痕迹。

试想在圆月朦胧之夜，海棠是这样的妩媚而嫣润；枝头的好鸟为什么却双栖而各梦呢？在这夜深人静的当儿，那高踞着的一只八哥儿，又为何尽撑着眼皮儿不肯睡去呢？他到底等什么来着？舍不得那淡淡的月儿么？舍不得那疏疏的帘儿么？不，不，不，您得到帘下去找——您该找着那卷帘人了？他的情韵风怀，原来是这样的哟！朦胧的岂独月呢，岂独鸟呢？但是咫尺天涯，教我如何耐得？我拼着千呼万唤；你能够出来么？

这页画布局那样经济，设色那样柔活，故精彩足以动人。虽是区区尺幅，而情韵之厚，已足沦肌浃髓而有余。我看了这画，瞿然而惊；留恋之怀，不能自已。故将所感受的印象细细写出，以志这些因缘。但于中西的画都是门外汉，所说的话不免为内行所笑——那也只好由他了。

30. 桨声灯影里的秦淮河

◉ 朱自清

一九二三年八月的一晚，我和平伯同游秦淮河；平伯是初泛，我是重来了。我们雇了一只"七板子"，在夕阳已去，皎月方来的时候，便下了船。于是桨声汩——汩，我们开始领略那晃荡着蔷薇色的历史的秦淮河的滋味了。

秦淮河里的船，比北京万牲园、颐和园的船好，比西湖的船好，比扬州瘦西湖的船也好。这几处的船不是觉着笨，就是觉着简陋、局促；都不能引起乘客们的情韵，如秦淮河的船一样。秦淮河的船约略可分为两种：一是大船；一是小船，就是所谓"七板子"。大船舱口阔大，可容二三十人。里面陈设着字画和光洁的红木家具，桌上一律嵌着冰凉的大理石面。窗格雕镂颇细，使人起柔腻之感。窗格里映着红色蓝色的玻璃，玻璃上有精致的花纹，也颇悦人目。"七板子"规模虽不及大船，但那淡蓝色的栏杆，空敞的舱，也足系人情思。而最出色处却在它的舱前。舱前是甲板上的一部。上面有弧形的顶，两边用疏疏的栏干支着。里面通常放着两张藤的躺椅。躺下，可以谈天，可以望远，可以顾盼两岸的河房。大船上也有这个，便在小船上更觉清隽罢了。舱前的顶下，一律悬着灯彩；灯的多少，明暗，彩苏的精粗，艳晦，是不一的。但好歹总还你一个灯彩。这灯彩实在是最能钩人的东西。夜幕垂垂地下来时，大小船上都点起灯火。从两重玻璃里映出那辐射着的黄黄的散光，反晕出一片朦胧的烟霭，透过这烟霭，在黯黯的水波里，又逗起缕缕的明漪。在这薄霭和微漪里，听着那悠然的间歇的桨声，谁能不被引入他的美梦去呢？只愁梦太多了，这些大小船儿如何载得起呀？我们这时模模糊糊的谈着明末的秦淮河的艳迹，如《桃花扇》及《板桥杂记》里所载的。我们真神往了。我们仿佛亲见那时华灯映水，画舫凌波的光景了。于是我们的船便成了历史的重载了。我们终于恍然秦淮河的船所以雅丽过于他处，而又有奇异的吸引力的，实在是许多历史的影象使然了。

秦淮河的水是碧阴阴的；看起来厚而不腻，或者是六朝金粉所凝么？我们初上船的时候，天色还未断黑，那漾漾的柔波是这样的恬静，委婉，使我们一面有水阔天空之想，一面又憧憬着纸醉金迷之境了。

等到灯火明时，阴阴的变为沉沉了，黯淡的水光，像梦一般，那偶然闪烁着的光芒，就是梦的眼睛了。我们坐在舱前，因了那隆起的顶棚，仿佛总是昂着首向前走着似的，于是飘飘然如御风而行的我们，看着那些自在的湾泊着的船，船里走马灯般的人物，便像是下界一般，迢迢的远了，又像在雾里看花，尽朦朦胧胧的。这时我们已过了利涉桥，望见东关头了。沿路听见断续的歌声，有从沿河的妓楼飘来的，有从河上船里度来的。我们明知那些歌声，只是些因袭的言词，从生涩的歌喉里机械的发出来的，但它们经了夏夜的微风的吹漾和水波的摇拂，袅娜着到我们耳边的时候，已经不单是她们的歌声，而混着微风和河水的密语了。于是我们不得不被牵惹着，震撼着，相与浮沉于这歌声里了。从东关头转弯，不久就到大中桥。大中桥共有三个桥拱，都很阔大，俨然是三座门儿，使我们觉得我们的船和船里的我们，在桥下过去时，真是太无颜色了。桥砖是深褐色，表明它的历史的长久，但都完好无缺，令人太息于古昔工程的坚美。桥上两旁都是木壁的房子，中间应该有街路，这些房子都破旧了，多年烟熏的迹，遮没了当年的美丽。我想象秦淮河的极盛时，在这样宏阔的桥上，特地盖了房子，必然是髹漆得富富丽丽的，晚间必然是灯火通明的。现在却只剩下一片黑沉沉！但是桥上造着房子，毕竟使我们多少可以想见往日的繁华，这也慰情聊胜无了。过了大中桥，便到了灯月交辉，笙歌彻夜的秦淮河，这才是秦淮河的真面目哩。

大中桥外，顿然空阔，和桥内两岸排着密密的人家的大异了。一眼望去，疏疏的林，淡淡的月，衬着蓝蔚的天，颇像荒江野渡光景；那边呢，郁丛丛的，阴森森的，又似乎藏着无边的黑暗，令人几乎不信那是繁华的秦淮河了。但是河中眩晕着的灯光，纵横着的画舫，悠扬着的笛韵，夹着那吱吱的胡琴声，终于使我们认识绿如茵陈酒的秦淮水了。此地天裸露着的多些，故觉夜来的独迟些，从清清的水影里，我们感到的只是薄薄的夜——这正是秦淮河的夜。大中桥外，本来还有一座复成桥，是船夫口中的我们的游踪尽处，或也是秦淮河繁华的尽处了。我的脚曾踏过复成桥的脊，在十三四岁的时候。但是两次游秦淮河，却都不曾见着复成桥的面，明知总在前途的，却常觉得有些虚无缥缈似的。我想，不见倒也好。这时正是盛夏。我们下船后，借着新生的晚凉和河上的微风，暑气已渐渐消散。到了此地，豁然开朗，身子顿然轻了——习习的清风荏苒在面上，手上，衣上，这便又感到了一缕新凉了。南京的日光，大概没有杭州猛烈；西湖的夏夜老是热蓬蓬的，水像沸着一般，秦淮河的水却尽是这样冷冷地绿着。任你人影的憧憧，歌声的扰扰，总像隔着一层薄薄的绿纱面幂似的，它尽是这样静静的，冷冷的绿着。我们出了大中桥，走不上半里路，船夫便将船划到一旁，停了桨由它宕着。他以为那里正是繁华的极点，再过去就是荒凉了，所以让我们多多赏鉴一会儿。他自己却静静的蹲着。他是看惯这光景的了，大约只是一个无可无不可。这无可无不可，无论是升的沉的，总之，都比我们高了。

那时河里闹热极了，船大半泊着，小半在水上穿梭似的来往。停泊着的都在近市的那一边，我们的船自然也夹在其中。因为这边略略的挤，便觉得那边十分的疏了。在每一只船从那边过去时，我们能画出它的轻轻的影和曲曲的波，在我们的心上，这显着是空，且显着是静了。那时处处都是歌声和凄厉的胡琴声，圆润的喉咙，确乎是很少的。但那生涩的，尖脆的调子能使人有少年的，粗率不拘的感觉，也正可快我们的意。况且多少隔开些儿听着，因为想象与渴慕的做美，总觉更有滋味，而竞发的喧嚣，抑扬的不齐，远近的杂沓，和乐器的嘈嘈切切，合成另一意味的谐音，也使我们无所适从，如随着大风而走。这实在因为我们的心枯涩久了，变为脆弱，故偶然润泽一下，便疯狂似的不能自主了。但秦淮河确也腻人。即如船里的人面，无论是和我们一堆儿泊着的，无论是从我们眼前过去的，总是模模糊糊的，甚至渺渺茫茫的，任你张圆了眼睛，揩净了眦垢，也是枉然。这真够人想呢。在我们停泊的地方，灯光原是纷然的，不过这些灯光都是黄而有晕的。黄已经不能明了，再加上了晕，便更不成了。灯愈多，晕就愈甚，在繁星般的黄的交错里，秦淮河仿佛笼上了一团光雾。光芒与雾气腾腾的晕着，什么都只剩了轮廓了，所以人面的详细的曲线，便消失于我们的眼底了。但灯光究竟夺不了那边的月色，灯光是浑的，月色是清的，在浑沌的灯光里，渗入了一派清辉，却真是奇迹！那晚月儿已瘦削了两三分。她晚妆才罢，盈盈的上了柳梢头。天是蓝得可爱，仿佛一汪水似的，月儿便更出落得精神了。岸上原有三株两株的垂杨树，淡淡的影子，在水里摇曳着。它们那柔细的枝条浴着月光，就像一支支美人的臂膊，交互的缠着，挽着，又像是月儿披着的发。而月儿偶然也从它们的交叉处偷偷窥看我们，大有小姑娘怕羞的样子。岸上另有几株不知名的老树，光光的立着，在月光里照起来，却又俨然是精神矍铄的老人。远处——快到天际线了，才有一两片白云，亮得现出异彩，像美丽的贝壳一般。白云下便是黑黑的一带轮廓，是一条随意画的不规则的曲线。这一段光景，和河中的风味大异了。但灯与月竟能并存着，交融着，使月成了缠绵的月，灯射着渺渺的灵辉。这正是天之所以厚秦淮河，也正是天之所以厚我们了。这时却遇着了难解的纠纷，秦淮河上原有一种歌妓，是以歌为业的。从前都在茶舫上，唱些大曲之类。每日午后一时起，什么时候止，却忘记了。晚上照样也有一回，也在黄晕的灯光里。我从前过南京时，曾随着朋友去听过两次。因为茶舫里的人脸太多了，觉得不大适意，终于听不出所以然。前年听说歌妓被取缔了，不知怎的，颇涉想了几次——却想不出什么。这次到南京，先到茶舫上去看看，觉得颇是寂寥，令我无端的怅怅了。不料她们却仍在秦淮河里挣扎着，不料她们竟会纠缠到我

们，我于是很张皇了。她们也乘着"七板子"，她们总是坐在舱前的。舱前点着石油汽灯，光亮眩人眼目：坐在下面的，自然是纤毫毕见了——引诱客人们的力量，也便在此了。舱里躲着乐工等人，映着汽灯的余辉蠕动着，他们是永远不被注意的。每船的歌妓大约都是二人，天色一黑，她们的船就在大中桥外往来不息的兜生意。无论行着的船，泊着的船，都要来兜揽的。这都是我后来推想出来的。那晚不知怎样，忽然轮着我们的船了。我们的船好好的停着，一只歌舫划向我们来的，渐渐和我们的船并着了。铄铄的灯光逼得我们皱起了眉头，我们的风尘色全给它托出来了，这使我踟蹰不安了。那时一个伙计跨过船来，拿着摊开的歌折，就近塞向我的手里，说，"点几出吧！"他跨过来的时候，我们船上似乎有许多眼光跟着。同时相近的别的船上也似乎有许多眼睛炯炯的向我们船上看着。我真窘了！我也装出大方的样子，向歌妓们瞥了一眼，但究竟是不成的！我勉强将那歌折翻了一翻，却不曾看清了几个字，便赶紧递还那伙计，一面不好意思地说，"不要，我们……不要。"他便塞给平伯。平伯掉转头去，摇手说，"不要！"那人还腻着不走。平伯又回过脸来，摇着头道，"不要！"于是那人重到我处。我窘着再拒绝了他。他这才有所不屑似的走了。我的心立刻放下，如释了重负一般。我们就开始自白了。

我说我受了道德律的压迫，拒绝了她们，心里似乎很抱歉的。这所谓抱歉，一面对于她们，一面对于我自己。她们于我们虽然没有很奢的希望，但总有些希望的。我们拒绝了她们，无论理由如何充足，却使她们的希望受了伤；这总有几分不做美了。这是我觉得很惆怅的。至于我自己，更有一种不足之感。我这时被四面的歌声诱惑了，降服了。但是远远的，远远的歌声总仿佛隔着重衣搔痒似的，越搔越搔不着痒处。我于是憧憬着贴耳的妙音了。在歌舫划来时，我的憧憬，变为盼望，我固执的盼望着，有如饥渴。虽然从浅薄的经验里，也能够推知，那贴耳的歌声，将剥去了一切的美妙，但一个平常的人像我的，谁愿凭了理性之力去丑化未来呢？我宁愿自己骗着了。不过我的社会感性是很敏锐的，我的思力能拆穿道德律的西洋镜，而我的感情却终于被它压服着，我于是有所顾忌了，尤其是在众目昭彰的时候，道德律的力，本来是民众赋予的。在民众的面前，自然更显出它的威严了。我这时一面盼望，一面却感到了两重的禁制：一，在通俗的意义上，接近妓者总算一种不正当的行为；二，妓是一种不健全的职业，我们对于她们，应有哀矜勿喜之心，不应赏玩的去听她们的歌。在众目睽睽之下，这两种思想在我心里最为旺盛。她们暂时压倒了我的听歌的盼望，这便成就了我的灰色的拒绝。那时的心实在异常状态中，觉得颇是昏乱。歌舫去了，暂时宁静之后，我的思绪又如潮涌了。两个相反的意思在我心头往复：卖歌和卖淫不同，听歌和狎妓不同，又干道德甚事？——但是，但是，她们既被逼的以歌为业，她们的歌必无艺术味的。况她们的身世，我们究竟该同情的。所以拒绝倒也是正办。但这些意思终于不曾撇开我的听歌的盼望。它力量异常坚强；它总想将别的思绪踏在脚下。从这重重的争斗里，我感到了浓厚的不足之感。这不足之感使我的心盘旋不安，起坐都不安宁了。唉！我承认我是一个自私的人！平伯呢，却与我不同。他引周启明先生的诗："因为我有妻子，所以我爱一切的女人，因为我有子女，所以我爱一切的孩子。"①

他的意思可以见了。他因为推及的同情，爱着那些歌妓，并且尊重着她们，所以拒绝了她们。在这种情形下，他自然以为听歌是对于她们的一种侮辱。但他也是想听歌的，虽然不和我一样，所以在他的心中，当然也有一番小小的争斗，争斗的结果，是同情胜了。至于道德律，在他是没有什么的；因为他很有蔑视一切的倾向，民众的力量在他是不大觉着的。这时他的心意的活动比较简单，又比较松弱，故事后还怡然自若，我却不能了。这里平伯又比我高了。

　　在我们谈话中间，又来了两只歌舫。伙计照前一样的请我们点戏，我们照前一样的拒绝了。我受了三次窘，心里的不安更甚了。清艳的夜景也为之减色。船夫大约因为要赶第二趟生意，催着我们回去；我们无可无不可的答应了。我们渐渐和那些晕黄的灯光远了，只有些月色冷清清的随着我们的归舟。我们的船竟没个伴儿，秦淮河的夜正长哩！到大中桥近处，才遇着一只来船。这是一只载妓的板船，黑漆漆的没有一点光。船头上坐着一个妓女；暗里看出，白地小花的衫子，黑的下衣。她手里拉着胡琴，口里唱着青衫的调子。她唱得响亮而圆转；当她的船箭一般驶过去时，余音还袅袅的在我们耳际，使我们倾听而向往。想不到在弩末的游踪里，还能领略到这样的清歌！这时船过大中桥了，森森的水影，如黑暗张着巨口，要将我们的船吞了下去，我们回顾那渺渺的黄光，不胜依恋之情；我们感到了寂寞了！这一段地方夜色甚浓，又有两头的灯火招邀着；桥外的灯火不用说了，过了桥另有东关头疏疏的灯火。我们忽然仰头看见依人的素月，不觉深悔归来之早了！走过东关头，有一两只大船湾泊着，又有几只船向我们来着。嚣嚣的一阵歌声人语，仿佛笑我们无伴的孤舟哩。东关头转弯，河上的夜色更浓了；临水的妓楼上，时时从帘缝里射出一线一线的灯光；仿佛黑暗从酣睡里眨了一眨眼。我们默然的对着，静听那汩——汩的桨声，几乎要入睡了；朦胧里却温寻着适才的繁华的余味。我那不安的心在静里愈显活跃了！这时我们都有了不足之感，而我的更其浓厚。我们却只不愿回去，于是只能由懊悔而怅惘了。船里便满载着怅惘了。直到利涉桥下，微微嘈杂的人声，才使我豁然一惊；那光景却又不同。右岸的河房里，都大开了窗户，里面亮着晃晃的电灯，电灯的光射到水上，蜿蜒曲折，闪闪不息，正如跳舞着的仙女的臂膊。我们的船已在她的臂膊里了；如睡在摇篮里一样，倦了的我们便又入梦了。那电灯下的人物，只觉像蚂蚁一般，更不去萦念。这是最后的

梦；可惜是最短的梦！黑暗重复落在我们面前，我们看见傍岸的空船上一星两星的，枯燥无力又摇摇不定的灯光。我们的梦醒了，我们知道就要上岸了；我们心里充满了幻灭的情思。

1923 年 10 月 11 日作完，于温州

①原诗是："我为了自己的儿女才爱小孩子，为了自己的妻才爱女人"，见《雪朝》第 48 页。

（原载 1924 年 1 月 25 日《东方杂志》第 21 卷第 2 号 20 周年纪念号）

31. 扬州的夏日

◉ 朱自清

扬州从隋炀帝以来，是诗人文士所称道的地方；称道的多了，称道得久了，一般人便也随声附和起来。直到现在，你若向人提起扬州这个名字，他会点头或摇头说："好地方！好地方！"特别是没去过扬州而念过些唐诗的人，在他心里，扬州真像蜃楼海市一般美丽；他若念过《扬州画舫录》一类书，那更了不得了。但在一个久住扬州像我的人，他却没有那么多美丽的幻想，他的憎恶也许掩住了他的爱好；他也许离开了三四年并不去想它。若是想呢，——你说他想什么？女人；不错，这似乎也有名，但怕不是现在的女人吧？——他也只会想着扬州的夏日，虽然与女人仍然不无关系的。

北方和南方一个大不同，在我看，就是北方无水而南方有。诚然，北方今年大雨，永定河，大清河甚至决了堤防，但这并不能算是有水；

北平的三海和颐和园虽然有点儿水，但太平衍了，一览而尽，船又那么笨头笨脑的。有水的仍然是南方。扬州的夏日，好处大半便在水上——有人称为"瘦西湖"，这个名字真是太"瘦"了，假西湖之名以行，"雅得这样俗"，老实说，我是不喜欢的。下船的地方便是护城河，曼衍开去，曲曲折折，直到平山堂，——这是你们熟悉的名字——有七八里河道，还有许多杈杈桠桠的支流。这条河其实也没有顶大的好处，只是曲折而有些幽静，和别处不同。

沿河最著名的风景是小金山，法海寺，五亭桥；最远的便是平山堂了。金山你们是知道的，小金山却在水中央。在那里望水最好，看月自然也不错——可是我还不曾有过那样福气。"下河"的人十之九是到这儿的，人不免太多些。法海寺有一个塔，和北海的一样，据说是乾隆皇帝下江南，盐商们连夜督促匠人造成的。法海寺著名的自然是这个塔；但还有一桩，你们猜不着，是红烧猪头。夏天吃红烧猪头，在理论上也许不甚相宜；可是在实际上，挥汗吃着，倒也不坏的。五亭桥如名字所示，是五个亭子的桥。桥是拱形，中一亭最高，两边四亭，参差相称；最宜远看，或看影子，也好。桥洞颇多，乘小船穿来穿去，另有风味。平山堂在蜀冈上。登堂可见江南诸山淡淡的轮廓；"山色有无中"一句话，我看是恰到好处，并不算错。这里游人较少，闲坐在堂上，可以永日。沿路光景，也以闲寂胜。从天宁门或北门下船。蜿蜒的城墙，在水里倒映着苍黢的影子，小船悠然地撑过去，岸上的喧扰像没有似的。

船有三种：大船专供宴游之用，可以挟妓或打牌。小时候常跟了父亲去，在船里听着谋得利洋行的唱片。现在这样乘船的大概少了吧？其次是"小划子"，真像一瓣西瓜，由一个男人或女人用竹篙撑着。乘的人多了，便可雇两只，前后用小凳子跨着：这也可算得"方舟"了。后来又有一种"洋划"，比大船小，比"小划子"大，上支布篷，

可以遮日遮雨。"洋划"渐渐地多，大船渐渐地少，然而"小划子"总是有人要的。这不独因为价钱最贱，也因为它的伶俐。一个人坐在船中，让一个人站在船尾上用竹篙一下一下地撑着，简直是一首唐诗，或一幅山水画。而有些好事的少年，愿意自己撑船，也非"小划子"不行。"小划子"虽然便宜，却也有些分别。譬如说，你们也可想到的，女人撑船总要贵些，姑娘撑的自然更要贵啰。这些撑船的女子，便是有人说过的"瘦西湖上的船娘"。船娘们的故事大概不少，但我不很知道。据说以乱头粗服，风趣天然为胜；中年而有风趣，也仍然算好。可是起初原是逢场作戏，或尚不伤廉惠；以后居然有了价格，便觉意味索然了。

北门外一带，叫做下街，"茶馆"最多，往往一面临河。船行过时，茶客与乘客可以随便招呼说话。船上人若高兴时，也可以向茶馆中要一壶茶，或一两种"小笼点心"，在河中喝着，吃着，谈着。回来时再将茶壶和所谓小笼，连价款一并交给茶馆中人。撑船的都与茶馆相熟，他们不怕你白吃。扬州的小笼点心实在不错：我离开扬州，也走过七八处大大小小的地方，还没有吃过那样好的点心，这其实是值得惦记的。茶馆的地方大致总好，名字也颇有好的。如香影廊，绿杨村，红叶山庄，都是到现在还记得的。绿杨村的幌子，挂在绿杨树上，随风飘展，使人想起"绿杨城郭是扬州"的名句。里面还有小池，丛竹，茅亭，景物最幽。这一带的茶馆布置都历落有致，迥非上海、北平方方正正的茶楼可比。

"下河"总是下午。傍晚回来，在暮霭朦胧中上了岸，将大褂折好搭在腕上，一手微微摇着扇子；这样进了北门或天宁门走回家中。这时候可以念"又得浮生半日闲"那一句诗了。

（原载 1929 年 12 月 11 日《白华旬刊》第 4 期）

32. 春晖的一月

◉ 朱自清

去年在温州，常常看到本刊，觉得很是欢喜。本刊印刷的形式，也颇别致，更使我有一种美感。今年到宁波时，听许多朋友说，白马湖的风景怎样怎样好，更加向往。虽然于什么艺术都是门外汉，我却怀抱着爱"美"的热诚，三月二日，我到这儿上课来了。在车上看见"春晖中学校"的路牌，白地黑字的，小秋千架似的路牌，我便高兴。出了车站，山光水色，扑面而来，若许我抄前人的话，我真是"应接不暇"了。于是我便开始了春晖的第一日。

走向春晖，有一条狭狭的煤屑路。那黑黑的细小的颗粒，脚踏上去，便发出一种摩擦的噪音，给我多少轻新的趣味。而最系我心的，是那小小的木桥。桥黑色，由这边慢慢地隆起，到那边又慢慢的低下去，故看去似乎很长。我最爱桥上的栏杆，那变形的纹的栏杆；我在车站门口早就看见了，我爱它的玲珑！桥之所以可爱，或者便因为这栏杆哩。我在桥上逗留了好些时。这是一个阴天。山的容光，被云雾遮了一半，仿佛淡妆的姑娘。但三面映照起来，也就青得可以了，映在湖里，白马湖里，接着水光，却另有一番妙景。我右手是个小湖，左手是个大湖。湖有这样大，使我自己觉得小了。湖水有这样满，仿佛要漫到我的脚下。湖在山的趾边，山在湖的唇边；他俩这样亲密，湖将山全吞下去了。吞的是青的，吐的是绿的，那软软的绿呀，绿的是一片，绿的却不安于一片；它无端的皱起来了。如絮的微痕，界出无数片的绿；闪闪闪闪的，像好看的眼睛。湖边系着一只小船，四面却没有一个人，我听见自己的呼吸。想起"野渡无人舟自横"的诗，真觉物我双忘了。

好了，我也该下桥去了；春晖中学校还没有看见呢。弯了两个弯儿，又过了一重桥。当面有山挡住去路；山旁只留着极狭极狭的小径。挨着小径，抹过山角，豁然开朗；春晖的校舍和历落的几处人家，都已在望了。远远看去，房屋的布置颇疏散有致，决无拥挤、局促之感。我缓缓走到校前，白马湖的水也跟我缓缓的流着。我碰着丏尊先生。他引我过了一座水门汀的桥，便到了校里。校里最多的是湖，三面潺潺的流着；其次是草地，看过去芊芊的一片。我是常住城市的人，到了这种空旷的地方，有莫名的喜悦！乡下人初进城，往往有许多的惊异，供给笑话的材料；我这城里人下乡，却也有许多的惊异——我的可笑，或者竟不下于初进城的乡下人。闲言少叙，且说校里的房屋、格式、布置固然疏落有味，便是里面的用具，也无一不显出巧妙的匠意；决无笨伯的手泽。晚上我到几位同事家去看，壁上有书有画，布置井井，令人耐坐。这种情形正与学校的布置，自然界的布置是一致的。美的一致，一致的美，是春晖给我的第一件礼物。

有话即长，无话即短，我到春晖教书，不觉已一个月了。在这一个月里，我虽然只在春晖登了十五日（我在宁波四中兼课），但觉甚是亲密。因为在这里，真能够无町畦。我看不出什么界线，因而也用不着什么防备，什么顾忌；我只照我所喜欢的做就是了。这就是自由了。从前我到别处教书时，总要做几个月的"生客"，然后才能坦然。对于"生客"的猜疑，本是原始社会的遗形物，其故在于不相知。这在现社会，也不能免的。但在这里，因为没有层迭的历史，又结合比较的单纯，故没有这种习染。这是我所深愿的！这里的教师与学生，也没有什么界限。在一般学校里，师生之间往往隔开一无形界限，这是最足减少教育效力的事！学生对于教师，"敬鬼神而远之"；教师对

于学生，尔为尔，我为我，休憩不关，理乱不闻！这样两橛的形势，如何说得到人格感化？如何说得到"造成健全人格"？这里的师生却没有这样情形。无论何时，都可自由说话；一切事务，常常通力合作。校里只有协治会而没有自治会。感情既无隔阂，事务自然都开诚布公，无所用其躲闪。学生因无须矫情饰伪，故甚活泼有意思。又因能顺全天性，不遭压抑；加以自然界的陶冶：故趣味比较纯正。——也有太随便的地方，如有几个人上课时喜欢谈闲天，有几个人喜欢吐痰在地板上，但这些总容易矫正的。——春晖给我的第二件礼物是真诚，一致的真诚。

春晖是在极幽静的乡村地方，往往终日看不见一个外人！寂寞是小事；在学生的修养上却有了问题。现在的生活中心，是城市而非乡村。乡村生活的修养能否适应城市的生活，这是一个问题。此地所说适应，只指两种意思：一是抵抗诱惑，二是应付环境——明白些说，就是应付人，应付物。乡村诱惑少，不能养成定力；在乡村是好人的，将来一入城市做事，或者竟抵挡不住。从前某禅师在山中修道，道行甚高；一旦入闹市，"看见粉白黛绿，心便动了"。这话看来有理，但我以为其实无妨。就一般人而论，抵抗诱惑的力量大抵和性格、年龄、学识、经济力等有"相当"的关系。除经济力与年龄外，性格、学识，都可用教育的力量提高它，这样增加抵抗诱惑的力量。提高的意思，说得明白些，便是以高等的趣味替代低等的趣味；养成优良的习惯，使不良的动机不容易有效。用了这种方法，学生达到高中毕业的年龄，也总该有相当的抵抗力了；入城市生活又何妨？（不及初中毕业时者，因初中毕业，仍须续入高中，不必自己挣扎，故不成问题。）有了这种抵抗力，虽还有经济力可以作祟，但也不能有大效。前面那禅师所以不行，一因他过的是孤独的生活，故反动力甚大，一因他只知克制，不知替代；故外力一强，便"虎兕出于柙"了！这岂可与现

在这里学生的乡村生活相提并论呢？至于应付环境，我以为应付物是小问题，可以随时指导；而且这与乡村，城市无大关系。我是城市的人，但初到上海，也曾因不会乘电车而跌了一跤，跌得皮破血流；这与乡下诸公又差得几何呢？若说应付人，无非是机心！什么"逢人只说三分话，未可全抛一片心"，便是代表的教训。教育有改善人心的使命；这种机心，有无养成的必要，是一个问题。姑不论这个，要养成这种机心，也非到上海这种地方去不成；普通城市正和乡村一样，是没有什么帮助的。凡以上所说，无非要使大家相信，这里的乡村生活的修养，并不一定不能适应将来城市的生活。况且我们还可以举行旅行，以资调剂呢。况且城市生活的修养，虽自有它的好处；但也有流弊。如诱惑太多，年龄太小或性格未佳的学生，或者转易陷溺——那就不但不能磨练定力，反早早的将定力丧失了！所以城市生活的修养不一定比乡村生活的修养有效。——只有一层，乡村生活足以减少少年人的进取心，这却是真的！

　　说到我自己，却甚喜欢乡村的生活，更喜欢这里的乡村的生活。我是在狭的笼的城市里生长的人，我要补救这个单调的生活，我现在住在繁嚣的都市里，我要以闲适的境界调和它。我爱春晖的闲适！闲适的生活可说是春晖给我的第三件礼物！

　　我已说了我的"春晖的一月"；我说的都是我要说的话。或者有人说，赞美多而劝勉少，近乎"戏台里喝彩"！假使这句话是真的，我要切实声明：我的多赞美，必是情不自禁之故，我的少劝勉，或是观察时期太短之故。

1924 年 4 月 12 日夜作

（原载 1924 年 4 月 16 日《春晖》第 27 期）

33．春

◉ 朱自清

盼望着，盼望着，东风来了，春天的脚步近了。

一切都像刚睡醒的样子，欣欣然张开了眼。山朗润起来了，水长起来了，太阳的脸红起来了。

小草偷偷地从土里钻出来，嫩嫩的，绿绿的。园子里，田野里，瞧去，一大片一大片满是的。坐着，躺着，打两个滚，踢几脚球，赛几趟跑，捉几回迷藏。风轻悄悄的，草绵软软的。

桃树、杏树、梨树，你不让我，我不让你，都开满了花赶趟儿。红的像火，粉的像霞，白的像雪。花里带着甜味，闭了眼，树上仿佛已经满是桃儿、杏儿、梨儿！花下成千成百的蜜蜂嗡嗡地闹着，大小的蝴蝶飞来飞去。野花遍地是：杂样儿，有名字的，没名字的，散在草丛里，像眼睛，像星星，还眨呀眨的。

"吹面不寒杨柳风"，不错的，像母亲的手抚摸着你。风里带来些新翻的泥土的气息，混着青草味，还有各种花的香，都在微微润湿的空气里酝酿。鸟儿将窠巢安在繁花嫩叶当中，高兴起来了，呼朋引伴地卖弄清脆的喉咙，唱出婉转的曲子，与轻风流水应和着。牛背上牧童的短笛，这时候也成天在嘹亮地响。

雨是最寻常的，一下就是三两天。可别恼，看，像牛毛，像花针，像细丝，密密地斜织着，人家屋顶上全笼着一层薄烟。树叶子却绿得发亮，小草也青得逼你的眼。傍晚时候，上灯了，一点点黄晕的光，烘托出一片安静而和平的夜。乡下去，小路上，石桥边，撑起伞慢慢

走着的人；还有地里工作的农夫，披着蓑，戴着笠的。他们的草屋，稀稀疏疏的在雨里静默着。

天上风筝渐渐多了，地上孩子也多了。城里乡下，家家户户，老老小小，他们也赶趟儿似的，一个个都出来了。舒活舒活筋骨，抖擞抖擞精神，各做各的一份事去。"一年之计在于春"，刚起头儿，有的是工夫，有的是希望。

春天像刚落地的娃娃，从头到脚都是新的，它生长着。

春天像小姑娘，花枝招展的，笑着，走着。

春天像健壮的青年，有铁一般的胳膊和腰脚，领着我们上前去。

（原载朱文叔编《初中语文读本》第 1 册 1933 年 7 月版）

34．冬天

◉ 朱自清

说起冬天，忽然想到豆腐。是一"小洋锅"（铝锅）白煮豆腐，热腾腾的。水滚着，像好些鱼眼睛，一小块一小块豆腐养在里面，嫩而滑，仿佛反穿的白狐大衣。锅在"洋炉子"（煤油不打气炉）上，和炉子都熏得乌黑乌黑，越显出豆腐的白。这是晚上，屋子老了，虽点着"洋灯"，也还是阴暗。围着桌子坐的是父亲跟我们哥儿三个。"洋炉子"太高了，父亲得常常站起来，微微地仰着脸，觑着眼睛，从氤氲的热气里伸进筷子，夹起豆腐，一一地放在我们的酱油碟里。我们有时也自己动手，但炉子实在太高了，总还是坐享其成的多。这并不是吃饭，只是玩儿。父亲说晚上冷，吃了大家暖和些。我们都喜欢这种白水豆腐；一上桌就眼巴巴望着那锅，等着那热气，等着热气里从父亲筷子上掉下来的豆腐。

又是冬天，记得是阴历十一月十六晚上，跟S君P君在西湖里坐小划子。S君刚到杭州教书，事先来信说："我们要游西湖，不管它是冬天。"那晚月色真好，现在想起来还像照在身上。本来前一晚是"月当头"；也许十一月的月亮真有些特别吧。那时九点多了，湖上似乎只有我们一只划子。有点风，月光照着软软的水波；当间那一溜儿反光，像新斫的银子。湖上的山只剩了淡淡的影子。山下偶尔有一两星灯火。S君口占两句诗道："数星灯火认渔村，淡墨轻描远黛痕。"我们都不大说话，只有均匀的桨声。我渐渐地快睡着了。P君"喂"了一下，才抬起眼皮，看见他在微笑。船夫问要不要上净寺去；是阿弥陀佛生日，那边蛮热闹的。到了寺里，殿上灯烛辉煌，满是佛婆念佛的声音，好像醒了一场梦。这已是十多年前的事了，S君还常常通着信，P君听说转变了好几次，前年是在一个特税局里收特税了，以后便没有消息。

在台州过了一个冬天，一家四口子。台州是个山城，可以说在一个大谷里。只有一条二里长的大街。别的路上白天简直不大见人；晚上一片漆黑。偶尔人家窗户里透出一点灯光，还有走路的拿着火把；但那是少极了。我们住在山脚下。有的是山上松林里的风声，跟天上一只两只的鸟影。夏末到那里，春初便走，却好像老在过着冬天似的；可是即便真冬天也并不冷。我们住在楼上，书房临着大路；路上有人说话，可以清清楚楚地听见。但因为走路的人太少了，间或有点说话的声音，听起来还只当远风送来的，想不到就在窗外。我们是外路人，除上学校去之外，常只在家里坐着。妻也惯了那寂寞，只和我们爷儿们守着。外边虽老是冬天，家里却老是春天。有一回我上街去，回来的时候，楼下厨房的大方窗开着，并排地挨着她们母子三个；三张脸都带着天真微笑地向着我。似乎台州空空的，只有我们四人；天地空空的，也只有我们四人。那时是民国十年，妻刚从家里出来，满自在。现在她死了快四年了，我却还老记着她那微笑的影子。

无论怎么冷，大风大雪，想到这些，我心上总是温暖的。

（原载1933年12月1日《中学生》第40号）

35. 看花

◉ 朱自清

生长在大江北岸一个城市里，那儿的园林本是著名的，但近来却很少；似乎自幼就不曾听见过"我们今天看花去"一类话，可见花事是不盛的。有些爱花的人，大都只是将花栽在盆里，一盆盆搁在架上；架子横放在院子里。院子照例是小小的，只够放下一个架子；架上至多搁二十多盆花罢了。有时院子里依墙筑起一座"花台"，台上种一株开花的树；也有在院子里地上种的。但这只是普通的点缀，不算是爱花。

家里人似乎都不甚爱花；父亲只在领我们上街时，偶然和我们到"花房"里去过一两回。但我们住过一所房子，有一座小花园，是房东家的。那里有树，有花架（大约是紫藤花架之类），但我当时还小，不知道那些花木的名字；只记得爬在墙上的是蔷薇而已。园中还有一座太湖石堆成的洞门；现在想来，似乎也还好的。在那时由一个顽皮的少年仆人领了我去，却只知道跑来跑去捉蝴蝶；有时揪下几朵花，也只是随意走着，随意丢弃了。至于领略花的趣味，那是以后的事：夏天的早晨，我们那地方有乡下的姑娘在各处街巷，沿门叫着，"卖

栀子花来。"栀子花不是什么高品，但我喜欢那白而晕黄的颜色和那肥肥的个儿，正和那些卖花的姑娘有着相似的韵味。栀子花的香，浓而不烈，清而不淡，也是我乐意的。我这样便爱起花来了。也许有人会问，"你爱的不是花吧？"这个我自己其实也已不大弄得清楚，只好存而不论了。在高小的一个春天，有人提议到城处 F 寺里吃桃子去，而且预备白吃；不让吃就闹一场，甚至打一架也不在乎。那时虽远在五四运动以前，但我们那里的中学生却常有打进戏园看白戏的事。中学生能白看戏，小学生为什么不能白吃桃子呢？我们都这样想，便由那提议人纠合了十几个同学，浩浩荡荡地向城外而去。到了 F 寺，气势不凡地呵斥着道人们（我们称寺里的工人为道人），立刻领我们向桃园里去。道人们踌躇着说："现在桃树刚才开花呢。"但是谁信道人们的话？我们终于到了桃园里。大家都丧了气，原来花是真开着呢！这时提议人 P 君便去折花。道人们是一直步步跟着的，立刻上前劝阻，而且用起手来。但 P 君是我们中最不好惹的；"说时迟，那时快"，一眨眼，花在他的手里，道人已跟跄在一旁了。那一园子的桃花，想来总该有些可看；我们却谁也没有想着去看。只嚷着，"没有桃子，得沏茶喝！"道人们满肚子委屈地引我们到"方丈"里，大家各喝一大杯茶。这才平了气，谈谈笑笑地进城去。大概我那时还只懂得爱一朵朵的栀子花，对于开在树上的桃花，是并不了然的；所以眼前的机会，便从眼前错过了。

以后渐渐念了些看花的诗，觉得看花颇有些意思。但到北平读了几年书，却只到过崇效寺一次；而去得又嫌早些，那有名的一株绿牡丹还未开呢。北平看花的事很盛，看花的地方也很多；但那时热闹的似乎也只有一班诗人名士，其余还是不相干的。那正是新文学运动的起头，我们这些少年，对于旧诗和那一班诗人名士，实在有些不敬；而看花的地方又都远不可言，我是一个懒人，便干脆地断了那条心了。

后来到杭州做事，遇见了Y君，他是新诗人兼旧诗人，看花的兴致很好。我和他常到孤山去看梅花。孤山的梅花是古今有名的，但太少；又没有临水的，人也太多。有一回坐在放鹤亭上喝茶，来了一个方面有须，穿着花缎马褂的人，用湖南口音和人打招呼道，"梅花盛开嗒！""盛"字说得特别重，使我吃了一惊；但我吃惊的也只是说在他嘴里"盛"这个声音罢了，花的盛不盛，在我倒并没有什么的。有一回，Y来说，灵峰寺有三百株梅花；寺在山里，去的人也少。我和Y，还有N君，从西湖边雇船到岳坟，从岳坟入山。曲曲折折走了好一会，又上了许多石级，才到山上寺里。寺甚小，梅花便在大殿西边园中。园也不大，东墙下有三间净室，最宜喝茶看花；北边有座小山，山上有亭，大约叫"望海亭"吧，望海是未必，但钱塘江与西湖是看得见的。梅树确是不少，密密地低低地整列着。那时已是黄昏，寺里只我们三个游人，梅花并没有开，但那珍珠似的繁星似的骨都儿，已经够可爱了；我们都觉得比孤山上盛开时有味，大殿上正做晚课，送来梵呗的声音，和着梅林中的暗香，真叫我们舍不得回去。在园里徘徊了一会，又在屋里坐了一会，天是黑定了，又没有月色，我们向庙里要了一个旧灯笼，照着下山。路上几乎迷了道，又两次三番地狗咬；我们的Y诗人确有些窘了，但终于到了岳坟。船夫远远迎上来道："你们来了，我想你们不会冤我呢！"在船上，我们还不离口地说着灵峰的梅花，直到湖边电灯光照到我们的眼。

　　Y回北平去了，我也到了白马湖。那边是乡下，只有沿湖与杨柳相间着种了一行小桃树，春天花发时，在风里娇媚地笑着。还有山里的杜鹃花也不少。这些日日在我们眼前，从没有人像煞有介事地提议，"我们看花去。"但有一位S君，却特别爱养花；他家里几乎是终年不离花的。我们上他家去，总看他在那里不是拿着剪刀修理枝叶，便是提着壶浇水。我们常乐意看着。他院子里一株紫薇花很好，我们在花

旁喝酒，不知多少次。白马湖住过一年，我却传染了他那爱花的嗜好。但重到北平时，住在花事很盛的清华园里，接连过了三个春，却从未想到去看一回。只在第二年秋天，曾经和孙三先生在园里看过几次菊花。"清华园之菊"是著名的，孙三先生还特地写了一篇文，画了好些画。但那种一盆一干一花的养法，花是好了，总觉没有天然的风趣。直到去年春天，有了些余闲，在花开前，先向人问了些花的名字。一个好朋友是从知道姓名起的，我想看花也正是如此。恰好 Y 君也常来园中，我们一天三四趟地到那些花下去徘徊。今年 Y 君忙些，我便一个人去。我爱繁花老干的杏，临风婀娜的小红桃，贴梗累累如珠的紫荆；但最恋恋的是西府海棠。海棠的花繁得好，也淡得好；艳极了，却没有一丝荡意。疏疏的高干子，英气隐隐逼人。可惜没有趁着月色看过；王鹏运有两句词道："只愁淡月朦胧影，难验微波上下潮。"我想月下的海棠花，大约便是这种光景吧。为了海棠，前两天在城里特地冒了大风到中山公园去，看花的人倒也不少；但不知怎的，却忘了畿辅先哲祠。Y 告我那里的一株，遮住了大半个院子；别处的都向上长，这一株却是横里伸张的。花的繁没有法说；海棠本无香，昔人常以为恨，这里花太繁了，却酝酿出一种淡淡的香气，使人久闻不倦。Y 告我，正是刮了一日还不息的狂风的晚上；他是前一天去的。他说他去时地上已有落花了，这一日一夜的风，准完了。他说北平看花，是要赶着看的：春光太短了，又晴的日子多；今年算是有阴的日子了，但狂风还是逃不了的。我说北平看花，比别处有意思，也正在此。这时候，我似乎不甚菲薄那一班诗人名士了。

36. 南国

◉ 瞿秋白

——"魂兮归来哀江南"（庾信）

阴晴不定的天色，凄凄的丝雨，心神都为之忧黯……污滑的莫斯科街道，乱砌的石块，扰扰行人都因之现出跛相。街梢巷尾小孩子叫唤卖烟的声音，杂货铺口鱼肉的咸味，无不在行人心理上起一二分作用。

钟表铺前新挂起半新不旧的招牌，也像暗暗的经受愁惨的况味。我走进铺门，只见一老者坐在账台旁，戴着近光眼镜，凄迷着双眼，在那里修表呢。旁坐一中年妇人接着我的表嘻嘻的说道：

呵，你们来开"大会"的，预备回去宣传无产主义么？

我笑着回答他不是的。他还不信呢。后来又说："不错不错，中国也用不着宣传，——在中国的资本家都是英国人，和我们从前一样，德国人在此占'老爷'的地位，咱们大家都当小工！现在又兴租借地了，和你们中国差不离。"我说，你们有苏维埃政府呢。他默然一晌，笑一笑，就不言语了。……

我回寓来觉着更不舒服。前几天医生说我左肺有病，回国为是。昨天不是又吐血么？七月间病卧了一个月，奄奄的生气垂尽，一切一切都渐渐在我心神里磨灭……还我的个性，还我为社会服务的精力来！唉，北地风寒积雪的气候，黑面烂肉的营养，究竟不是一片"热诚"所支持得住的。

万里……万里……温情的抚慰，离故乡如此之远，那能享受。习俗气候天色，与故乡差异如此之大，在国内时想象之中都不能假设的，漫天白色，延长五月之久，雪影凄迷，气压高度令人呼吸都不如意。

冰……雪……风暴……那有江南春光明媚，秋花争艳的心灵之怡养。

可是呢，南国文物丰饶也不久（其实是已经）要成完全的殖民地，英国"老爷"来了……想起今晨表铺主人的话，也许有几分真理。……

梦吃模糊，焦热烦闷，恍恍忽忽仅有南国的梦影，灿黄的菜花，清澄的池水……桃花……

唉！心神不定，归梦无聊。病深了！病深么？

8月5日

37. 一种云

◉ 瞿秋白

天总是皱着眉头。太阳光如果还射到地面上，那也总是稀微的淡薄的。至于月亮，那更不必说，他只是偶然露出半面，用他那惨淡的眼光看一看这罪孽的人间，这是孤儿寡妇的眼光，眼睛里含着总算还没有流干的眼泪。受过不止一次封禅大典的山岳，至少有大半截是上了天，只留一点山脚给人看。黄河，长江……据说是中国文明的父母，也不知道怎么变了心，对于他们的亲生骨肉，都摆出一副冷酷的面孔。从春天到夏天，从秋天到冬天，这样一年年的过去，淫虐的雨，凄厉的风和肃杀的霜雪更番的来去，一点儿光明也没有。这样的漫漫长夜，已经二十年了。这都是一种云在作祟。那云为什么这样屡次三番的摧残光明？那云是从什么地方来的？这是太平洋上的大风暴吹过来的，这是大西洋上的狂飚吹过来的。还有那些模糊的血肉一榨床底下淌着的模糊的血肉蒸发出来的。那些会画符的人——会写借据会写当票的

人，就用这些符号在呼召。那些吃田地的土蜘蛛，——虽然死了也不过只要六尺土地葬他的贵体，可是活着总要吃住这么二三百亩田地，——这些土蜘蛛就用屁股在吐着。那些肚里装着铁心肝铁肚肠的怪物，又竖起了一根根的烟囱在喷着。狂飚风暴吹过来的，血肉蒸发出来的，符号呼召来的，屁股吐出来的，烟囱喷出来的，都是这种云。这是战云。

难怪总是漫漫的长夜了！

什么时候才黎明呢？

看那刚刚发现的虹。祈祷是没有用的了。只有自己去做雷公公电闪娘娘。那虹发现的地方，已经有了小小的雷电，打开了层层的乌云，让太阳重新照到紫铜色的脸。如果是惊天动地的霹雳，那才拨得开满天的愁云惨雾。这可只有自己做了雷公公电闪娘娘才办得到。要使小小的雷电变成惊天动地的霹雳！

38. 暴风雨之前

● 瞿秋白

宇宙都变态了！一阵阵的浓云；天色是奇怪的黑暗，如果它还是青的，那简直是鬼脸似的靛青的颜色。是烟雾，是灰沙，还是云翳把太阳蒙住了？为什么太阳会是这么惨白的脸色？还露出了恶鬼似的雪白的十几根牙齿？这青面獠牙的天日是多么鬼气阴森，多么凄惨，多么凶狠！山上的岩石渐渐的蒙上一层面罩，沙滩上的沙泥簌簌的响着。远远近近的树林呼啸着，一忽儿低些，一忽儿高些，互相唱和着，呼啦呼啦……嘁嘁嘶嘶……宇宙的呼吸都急促起来了。一阵一阵的成群的水鸟，不知道在什么地方受着了惊吓，慌慌张张的飞过来。它们想往那儿去躲？躲不了的！起初是偶然的，后来简直是时时刻刻发现在海面上的铄亮的，真所谓飞剑似的，一道道的毫光闪过去。这是飞鱼。它们生着翅膀，现在是在抱怨自己的爷娘没有给它们再生几只腿。它们往高处跳。跳到那儿上？始终还是落在海里的！海水快沸腾了。宇宙在颠簸着。一股腥气扑鼻子里来。据说是龙的腥气。极大的暴风雨和霹雳已经在天空里盘旋着，这是要"挂龙"了。隐隐的雷声一阵紧一阵松的滚着，雪亮的电闪扫着。一切都低下了头，闭住了呼吸，很慌乱的躲藏起来。只有成千成万的蜻蜓，一群群的轰动着，随着风飞来飞去。它们是奇形怪状的，各种颜色都有：有青白紫黑的，像人身上的伤痕，也有鲜丽的通红的，像人的鲜血。它们都很年轻，勇敢，居然反抗着青面獠牙的天日。据说蜻蜓是"龙的苍蝇"。将要"挂龙"——就是暴风雨之前，这些"苍蝇"闻着了龙的腥气，就成群结队的出现。暴风雨快要来了。暴风雨之中的雷霆，将要辟开黑幕重重的靛青色的天。海翻了个身似的泼天的大雨，将要洗干净太阳上的白翳。没有暴风雨的发动，不经过暴风雨的冲洗，是不会重见光明的。暴风雨呵，只有你能够把光华灿烂的宇宙还给我们！只有你！但是，暂时还只在暴风雨之前。"龙的苍蝇"始终只是些苍蝇，还并不是龙的本身。龙固然已经出现了，可是，还没有扫清整个的天空呢。

39. 凄其风雨夜

⦿ 石评梅

已是小春天气，但为何却这般秋风秋雨？昨夜接读了贤的信，又增加我不少的烦闷。可怜我已是枯萎的残花了，偏还要受尽风雨的欺凌。

这几夜在雨声淅沥中，我是整夜的痛哭。伴我痛哭的是孤灯，看我痛哭的只有案头陈列着宇的遗像。唉，我每想到宇时，就恨不立即死去！死去，完成我们生前所遗的。至少，我的魂儿可以伴着宇的魂在月下徘徊，在花前笑语；我可以紧紧的握着他的手，我可以轻轻的吻他的唇。宇，世界上只有他才是我的忠诚的情人，只有他才是我的灵魂的保护者，当他的骨骸陈列在我眼前时我才认识了他，认识他是伟大的一个殉情的英雄！

而今，我觉得渺渺茫茫去依附谁？去乞求于谁？我不愿意受到任何人的哀怜，尤其不愿接受任何人的怜爱；我只想死，我想到自杀，就我自杀的时候，也要选个更深人静，万籁俱寂的辰光。

今天下午我冒雨去女师大看小鹿，在琴室里遇见玉薇，她说："梅！祝你的新生命如雨后嫩芽！"这是什么话呵？连她都这样不知我，可见在人间寻求个心的了解者是很难的事；不过，假如宇是为了了解我而死，那么，这死又是何等的悲惨？我也宁愿天下人都不了解我，我不愿天下人为了解而死。

红楼归来，心情十分黯淡，我展开纸，抹着泪给玉薇写这样一封短信——

玉薇：

　　我现在已是一个罩上黑纱的人了，我的一切都是黯淡的，都是死寂的；我富丽的生命，已经像彗星般逝去，只剩余下这将走进坟墓的皮囊，心灵是早经埋葬了。

　　我的过去是隐痛，只可以让少数较为了解我的人知道。因为人间的同情是幻如水底月亮，自己的苦酒只好悄悄的咽

下，却不必到人前去宣扬。

对于这人间我本来没有什么希望的，宇死后我更不敢在人间有所希望，我只祈求上帝容许我忏悔，忏悔着自己的过错一直到死时候，朋友，你相信我是不再向人们求爱怜与抚慰的，我要为死了的宇保存着他给我的创伤，决不再在人们面前透露我心琴的弹唱了。

近来我的心是一天比一天死寂，一天比一天空虚，一天比一天走进我的坟墓，快了，我快要到那荒寂的圹野里去伴我那殉情的宇！

"祝你的新生如而后嫩芽"的话，朋友，恕我不收受，还给你罢，如今我已是秋风秋而下救人践踏腐烂了的花瓣。

可怜的梅。

宇死去已是一月了，飞驰的时光割断人天是愈去愈远，上帝！请告诉我在何时何地再能见到宇。

40. 低头怅望水中月

◉ 石评梅

开完会已六时余，归路上已是万盏灯火，如昨夜一样。我的心的落漠也如昨夜一样；然而有的是变了，你猜是什么呢！吃完饭我才拆开你的信，我吃饭时是默会你信中的句子。读时已和默会的差不多。我已想到你要说的话了，你看我多么聪明！

我最忘记不了昨夜月下的诸景。尤其是我们三人坐在椅上看水中的月亮，你低头微笑听我振动的心音；你又忽然告清我被犀拖去的梦。那时我真是破涕为笑了！朋友！你真是天真烂漫的好玩。你的洁白光明，是和高悬天边的月一样。我愿祝你，朋友，永远保有你这可爱的童性。一度一度生日这夜都记着我们这偶然的聚会，偶然的留迹。

朋友！你热诚的希望和劝导，我只咽泪感谢！同时我要掏出碎心向你请求，愿你不要介意我的追忆和心底的悲哀，那是出自一个深长的惨痛的梦里，我不能忘这梦，和我不能忘掉生命一样。我在北京城里，处处都有我们的痕迹，因之我处处都用泪眼来凭吊，碎心来抚摩。这在我是一种最可爱可傲又艳又哀的回忆，在别人，如你的心中或者感受到这是我绝大的痛苦罢！其实我并不痛苦，痛苦或者还是你们这些正在作爱或已尝爱味的少爷小姐，如清如你。我再虔诚向你朋友请求，你不要为了我的伤痕，你因之也感到悲哀！

朋友！我过去我抱吻着旧梦，我未来寻求生命的真实和安定，我是人间最幸福的人。朋友！你应该放心，你应该放心。

你所指示的例子，确是应该如斯释注。不过，我告诉你朋友，理智有时是不能支配感情。不信，留你自己体验罢！

我如今，还羡慕你的生日是这样美丽，神秘，幽雅，甜密。假使明年那天我已不能共你度此一日，愿你，愿你，记得依你肩头怅望水中月的姊姊。愿你，愿你，记得松林下并立远望午门黑影的姊姊。

我过去有多少可念可爱的梦，而昨夜是新刊下的印痕，我是为了追求这些梦生，为了追求这些梦死的人，我自然永忆此梦而终。

今天我说错了一句话，你马上的脸色变成那样苍白，我真惊，不过我也不便声张；所以我一直咽下去。后来你二次回来时，已好些了，不过我已看出你，今天居然仍会咽下悲切假装笑脸的本事了！我们认识后，我是得了你不少的笑和喜欢。我也愿我不要给忧愁与你；你不要为了清知道人生，为了我识得愁。此后再不准那样难过才好，允许

了我，朋友！

清那样难过，我真无法想。我还是懦弱不能在她所需要的事上帮助她。因之我为她哭，我为了恨萍哭！写的多了，再谈罢。

梅　十五年十一月二十二日夜中

41.　朝霞映着我的脸

◉ 石评梅

上了车便如梦一样惊醒了我，睁眼看扰攘的街市上已看不见你们。我是极寂寞地归来；月光冷冰冰的射到我白围巾上，惨白的像我的心。一年之前我也在这样月光下走过。如今，唉！新痕踏在旧痕之上，新泪落到旧泪之上，孤清的梅仍幽灵似的在这地球上极无聊的生存着。明知道人生如梦，万象皆空，然而我痴呆得心有时会糊涂起来，我总想尽方法使我遗弃一切，忘掉一切。不过，事实上适得反比例，在我这颗千疮百洞的心，朋友，你是永也不知道她的。我心幕有一朝一日让风吹起你看时，一定要惊吓这样的糜烂和粉碎，二十年来我受了多少悲哀之箭和铁骑的践踏，都在这颗交付无人的小心上。

看冷清的月儿，和凄寒的晚风吹着，我在兰陵春半醉半醒的酒已随风飞去；才想到我们这半天的梦又到了惊醒的时候。

就是在这种心情下，读你那充满了热诚和同情的信，可以说这是我年来第一次接收朋友投给我的惠敬，我是感激的流下泪来！我应该谢谢上帝特赐我多少个朋友来安慰我这在孤家畔痛哭的人。

你大概是还不十分知道我从前的生活。一年之前，是脸上永没有笑容，眼泪永远是含在眼眶里的；一天至少要痛哭几次，病痛时常缠绕着我。如今，我已好了，我能笑，我能许久不病，我能不使朋友们看见我心底的创痛和咽下去的泪，我已经好了，朋友！一年前，你不信问问清，便知那时憔悴可怜的梅，绝不是现在这样达观快活的梅。这样，你还有什么不放心？况且有你这样幸福天真可爱的孩子逗我笑，伴我玩，我又那好意思再不高兴呢，朋友呵！你说是不是？

我今天未接你信以前，你从清处走后，清便告诉我你对我的心，怕我忧伤的心，那时我已觉到难受！为什么我这样的人，要令人可怜和同情呢！因之，我便想到一切，而使我心境不能再勉强欢笑下去。你不觉吗？你再回来时我已变了！到兰陵春我更迷惘，几次我眼里都流出泪来，使我不能把眼闭上。朋友！我到了不能支配自己，节制自己的时候，不仅朋友们看见难过，自己也恨自己的太不强悍，每次清娇憨骄傲的说到萍时，我便咽着泪下去，我是不能在人前骄傲的，我所能骄的，只有陶然亭畔那抔黄土。写到这里，我的泪不自禁地迸射出来。朋友呵！这是我深心底永不告人的话，今天大概为了醉，为了你那封充满热诚同情的信，令我在你面前画我心上的口供。然而你不准难受，也不准皱眉头，更不要替我不安。我这样生活，如目下，是很快乐的，是很可自慰的。有朝一日你们都云散各方，遗弃忘掉我时，我自己也会孤寂的在生与死的路上徘徊。朋友！你不要太为我想罢！我是一切都完了的人，只有我走完我的途径，就回到永久去的地方了。我只祷告预祝弟弟们妹妹们朋友们桃色的梦的甜蜜罢！大概所谓新生命，就是从我一年前沉郁烦结的生活中，到如今漫无边浪漫快活的生活中的获得；我已寻到了，朋友！我还有什么新生命？

"忘掉它"，我愿努力去忘掉它，但到我不能忘掉的时候，朋友！你不要视为缺憾罢！

一溜笔，写了这许多，赶快收住。

　　从此我们不提这些话罢！我是愿你们不要知道我夜里是如何过去的，我只要你们知道我白天是如何忙碌和快活才好。在幸福如你朋友面前，我更不愿提及这些不高兴的话，原谅我这一次罢！

　　写到此，不写了。写下去是永不完的。告诉你我一年多了，未曾写给人这样真诚而长的信，这样赤裸的把心拿出来写这长的信，朋友！愿你接收了梅姊今夜为了你的真诚所挥洒的眼泪！

　　愿人间那些可怕的隔膜误会永远不到我们中间来，因之，我这封信是毫无顾忌，毫无回避地写的，是我感谢这冷酷残忍无情的人间一颗可爱的亮星而写的。昨夜写到这里我睡了，今朝，酒已醒了，便想捺住不投邮，又想何必令你失望呢。朝霞现在映着我的脸，我心里很快活呢！

　　　　　　　　　　　　梅　十五年十一月十八日晨

42. 偶然草

● 石评梅

　　算是懒，也可美其名曰忙。近来不仅连四年未曾间断的日记不写，便是最珍贵的天辛的遗照，置在案头已经灰尘迷漫，模糊的看不清楚是谁。朋友们的信堆在抽屉里有许多连看都不曾看，至于我的笔成了毛锥，墨盒变成干绵自然是不必说了，屋中零乱的杂琐的状态，更是和我的心情一样，不能收拾，也不能整理。连自己也莫明其妙为什么这样颓废？而我最奇怪的是心灵的失落，常觉和遗弃了什么重要的东西一般，总是神思恍惚，少魂失魄。

　　不会哭！也不能笑！一切都无感。这样凄风冷月的秋景，这样艰难苦痛的生涯，我应该多愁善感，但是我并不曾为了这些介意。几个知己从远方写多少安慰我同情我的话，我只呆呆的读，读完也不觉什么悲哀，更说不到喜欢了。我很恐惧自己，这样的生活，毁灭了灵感的生活，不是一种太惨忍的酷刑吗？对于一切都漠然的人生，这岂是我所希望的人生。我常想做悲剧中的主人翁，但悲剧中的风云惨变，又哪能任我这样平淡冷寂的过去呢！

我想让自己身上燃着火，烧死我。我想自己手里握着剑，杀死人。无论怎样最好痛快一点去生，或者痛快点求死。这样平淡冷寂，漠然一切的生活；令我愤怒，令我颓废。

心情过分冷静的人，也许就是很热烈的人；然而我的力在哪里呢？终于在人群灰尘中遗失了。车轨中旋转多少百结不宁的心绪，来来去去，百年如一日的过去了。就这样把我的名字埋没在十字街头的尘土中吗？我常在奔波的途中这样问自己。

多少花蕾似的希望都揉碎了。落叶般的命运只好让秋风任意的漂泊吹散吧！繁华的梦远了，春还不曾来，暂时的殡埋也许就是将来的滋荣。

远方的朋友们！我在这长期沉默中，所能告诉你们的只有这几句话。我不能不为了你们的关怀而感动，我终于是不能漠然一切的人。如今我不希求于人给我什么，所以也不曾得到烦恼和爱怨。不过我蔑视人类的虚伪和扰攘，然而我又不幸日在虚伪扰攘中辗转因人，这就是使我痛恨于无穷的苦恼！

离别和聚合我到是不介意，心灵的交流是任天下什么东西都阻碍不了的；反之，虽日相晤对，咫尺何非天涯。远方的朋友愿我们的手在梦里互握着，虽然寂外古都，触景每多忆念，但你们这一点好意远道缄来时，也了解我万种愁怀呢！

43. 一片红叶

● 石评梅

这是一个凄风苦雨的深夜。

一切都寂静了，只有雨点落在蕉叶上，淅淅沥沥令人听着心碎。这大概是宇宙的心音吧，它在这人静夜深的时候哀哀地泣诉！

窗外缓一阵紧一阵的雨声，听着像战场上金鼓般雄壮，错错落落似鼓桴敲着的迅速，又如风儿吹乱了柳丝般的细雨，只洒湿了几朵含苞未放的黄菊。这时我握着破笔，对着灯光默想，往事的影儿轻轻在我心幕上颤动，我忽然放下破笔，开开抽屉拿出一本红色书皮的日记来，一页一页翻出一片红叶。这是一片鲜艳如玫瑰的红叶，它挟在我这日记本里已经两个月了。往日我为了一种躲避从来不敢看它，因为它是一个灵魂孕育的产儿，同时它又是悲惨命运的纽结。谁能想到薄薄的一片红叶，里面纤织着不可解决的生谜和死谜呢！我已经是泣伏在红叶下的俘虏，但我绝不怨及它，可怜在万千飘落的枫叶里，它衔带了这样不幸的命运。我告诉你们它是怎样来的：

1923 年 10 月 26 的夜里，我翻读着一本《莫愁湖志》，有些倦意，遂躺在沙发上假睡；这时白菊正在案头开着，窗纱透进的清风把花香一阵阵吹在我脸上，我微嗅着这花香不知是沉睡，还是微醉！懒松松的似乎有许多回忆的燕儿飞掠过心海激动着神思的颤动。我正沉恋着逝去的童年之梦，这梦曾产生了金坚玉洁的友情，不可掠夺的铁志；我想到那轻渺渺像云天飞鸿般的前途时，不自禁的微笑了！睁开眼见菊花都低了头，我忽然担心它们的命运，似乎它们已一步一步走近了坟墓，死神已悄悄张着黑翼在那里接引，我的心充满了莫名的悲绪！

大概已是夜里十点钟，小丫头进来递给我一封信，拆开时是一张白纸，拿到手里从里面飘落下一片红叶。"呵！一片红叶！"我不自禁的喊出来。怔愣了半天，用抖颤的手捡起来一看，上边写着两行字：

满山秋色关不住
一片红叶寄相思

天辛采自西山碧云寺十月二十四日

平静的心湖，悄悄被夜风吹皱了，一波一浪汹涌着像狂风统治了的大海。我伏在案上静静地想，马上许多的忧愁集在我的眉峰。我真未料到一个平常的相识，竟对我有这样一番不能抑制的热情。只是我对不住他，我不能受他的红叶。为了我的素志我不能承受它，承受了我怎样安慰他；为了我没有一颗心给他，承受了如何忍欺骗他。我即使不为自己设想，但是我怎能不为他设想。因之我陷入如焚的烦闷里。

在这黑暗阴森的夜幕下，窗下蝙蝠飞掠过的声音，更令我觉着战栗！我揭起窗纱见月华满地，斑驳的树影，死卧在地下不动。特别现出宇宙的清冷和幽静。我遂添了一件夹衣，推开门走到院里，迎面一股清风已将我心胸中一切的烦念吹净。无目的走了几圈后，遂坐在茅亭里看月亮，那凄清皎洁的银辉，令我对世界感到了空寂。坐了一会，我回到房里蘸饱了笔，在红叶的反面写了几个字是：

枯萎的花篮不敢承受这鲜红的叶儿。

仍用原来包着的那张白纸包好，写了个信封寄还他。这一朵初开的花蕾，马上让我用手给揉碎了。为了这事他曾感到极度的伤心，但是他并未因我的拒绝而中止。他死之后，我去兰辛那里整理他箱子内

的信件，那封信忽然又发现在我眼前！拆开红叶依然，他和我的墨绎都依然在上边，只是中间裂了一道缝，红叶已枯干了。我看见它心中如刀割，虽然我在他生前拒绝了不承受的，在他死后我觉着这一片红叶，就是他生命的象征。上帝允许我的祈求罢！我生前拒绝了他的，我在他死后依然承受他，红叶纵然能去了又来，但是他呢？是永远不能回来了，只剩了这一片志恨千古的红叶，依然无恙的伴着我，当我抖颤的用手捡起他寄给我时的心情，愿永远留在这鲜红的叶里。

44. 衚衕

● 朱　湘

我曾经向子惠说过，词不仅本身有高度的美，就是它的牌名，都精巧之至。即如《渡江云》、《荷叶杯》、《摸鱼儿》、《珍珠帘》、《眼儿媚》、《好事近》这些词牌名，一个就是一首好词。我时常翻开词集，并不读它，只是拿着这些词牌名慢慢的咀嚼。那时我所得的乐趣，真不下似读绝句或是嚼橄榄。京中胡同的名称，与词牌名一样，也常时在寥寥的两三字里面，充满了色彩与暗示，好像龙头井、骑河楼等等名字，它们的美是毫不差似《夜行船》、《恋绣衾》等等词牌名的。

胡同是衚衕的省写。据文学学者说，是与上海的弄一同源自巷字。元人李好古作的《张生煮海》一曲之内，曾经提到羊市角头砖塔儿衚衕，这两个字入文，恐怕要算此曲最早了。各胡同中，最为国人所知的，要算八大胡同；这与唐代长安的北里，清末上海的四马路的出名，是一个道理。

京中的胡同有一点最引人注意，这便是名称的重复：口袋胡同、

苏州胡同、梯子胡同、马神庙、弓弦胡同，到处都是，与王麻子、乐家老铺之多一样，令初来京中的人，极其感到不便，然而等我们知道了口袋胡同是此路不通的死胡同，与"闷葫芦瓜儿"，"蒙福禄馆"是一件东西，苏州胡同是京人替住有南方人不管他们的籍贯是杭州或是无锡的街巷取的名字，弓弦胡同是与弓背胡同相对而定的象形的名称，以后我们便会觉得这些名字是多么有色彩，是多么胜似纽约的那些单调的什么 Fifth Avenue，Fourteenth Street，以及上海的侮辱我国的按通商五口取名的什么南京路、九江路。那时候就是被全国中最稳最快的京中人力车夫说一句："先儿，你多给两子儿。"也是得偿所失的。尤其是苏州胡同一名，它的暗示力极大。因为在当初，交通不便的时候，南方人很少来京，除去举子；并且很少住京，除去京官。南边话同京白又相差的那般远，也难怪那些生于斯、卒于斯、眼里只有北京、耳里只有北京的居民，将他们聚居的胡同，定名为苏州胡同了。（苏州的土白，是南边话中最特采的；女子是全国中最柔媚的。）梯子胡同之多，可以看出当初有许多房屋是因山而筑，那街道看去有如梯子似的。京中有很多的马神庙，也可令我们深思，何以龙王庙不多，偏多马神庙呢？何以北京有这么多马神庙，南京却一个也不见呢？南人乘舟，北人乘马，我们记得北京是元代的都城，那铁蹄直踏进中欧的鞑靼，正是修建这些庙宇的人呢！

京中的胡同有许多以并得名。如上文提及的龙头井以及甜水井、苦水井、二眼井、三眼井、四眼井、井儿胡同、南井胡同、北井胡同、高井胡同、王府井等等，这是因为北方水份稀少，煮饭、烹茶、洗衣、沐面，水的用途又极大，所以当时的人，用了很笨缓的方法，凿出了一口井之后，他们的快乐是不可言状的，于是以井名街，纪念成功。

胡同的名称，不特暗示出京人的生活与想象，还有取灯胡同、妞妞房等类的胡同。不懂京话的人，是不知何所取意的。并且指点出京

城的沿革与区分，羊市、猪市、骡马市、驴市、礼士胡同、菜市、缸瓦市，这些街名之内，除去猪市尚存旧意之外，其余的都已改头换面，只能让后来者凭了一些虚名来悬拟当初这几处地方的情形了。户部街、太仆寺街、兵马司、缎司、銮舆卫、织机卫、细砖厂、箭厂，谁看到了这些名字，能不联想起那辉煌的过去，而感觉一种超现实的兴趣？

黄龙瓦、朱垩墙的皇城，如今已将拆毁尽了。将来的人，只好凭了皇城根这一类的街名，来揣想那内城之内、禁城之外的一圈皇城的位置罢？那丹青照耀的两座单牌楼呢？那形影深嵌在我童年想象中的壮伟的牌楼呢？它们哪里去了？看看那驼背龟皮的四牌楼，它们手挂着拐杖，身躯不支的，不久也要追随早夭的兄弟于地下了！

破坏的风沙，卷过这全个古都，甚至不与人争韬声匿影如街名的物件，都不能免于此厄。那富于暗示力的劈柴胡同，被改作辟才胡同了；那有传说作背景的烂面胡同，被改作烂漫胡同了；那地方色彩浓厚的蝎子庙，被改作协资庙了。没有一个不是由新奇降为平庸，由优美流为劣下。狗尾巴胡同改作高义伯胡同，鬼门关改作贵人关，勾阑胡同改作钩帘胡同，大脚胡同改作达教胡同：这些说不定都是巷内居者要改的，然而他们也未免太不达教了。阮大铖住南京的碓裆巷，伦敦的 Rotten Row 为贵族所居之街，都不曾听说他们要改街名，难道能达观的只有古人与西人吗？内丰的人，外啬一点，并无轻重。司马相如是一代的文人，他的小名却叫犬子。《子不语》书中说，当时有狗氏兄弟中举。庄子自己愿意为龟。颐和园中慈禧后居住的乐寿堂前立有龟石。古人的达观，真是值得深思的。

45. 江行的晨暮

◉ 朱　湘

美在任何的地方，即使是古老的城外，一个轮船码头的上面。

等船，在划子上，在暮秋夜里九点钟的时候，有一点冷的风。天与江，都暗了；不过，仔细的看去，江水还浮着黄色。中间所横着的一条深黑，那是江的南岸。

在众星的点缀里，长庚星闪耀得像一盏较远的电灯。一条水银色的光带晃动在江水之上。看得见一盏红色的渔灯。

岸上的房屋是一排黑的轮廓。一条趸船在四五丈以外的地点。模糊的电灯，平时令人不快的，在这时候，在这条趸船上，反而，不仅是悦目，简直是美了。在它的光围下面，聚集着有一些人形的轮廓。不过，并听不见人声，像这条划子上这样。

忽然间，在前面江心里，有一些黝黯的帆船顺流而下，没有声音，像一些巨大的鸟。

一个商埠旁边的清晨。

太阳升上了有二十度；覆碗的月亮与地平线还有四十度的距离。几大片鳞云黏在浅碧的天空里；看来，云好像是在太阳的后面，并且远了不少。

山岭披着古铜色的衣，褶痕是大有画意的。

水汽腾上有两尺多高。有几只肥大的鸥鸟，它们，在阳光之内，暂时的闪白。

月亮是在左舷的这边。

水汽腾上有一尺多高；在这边，它是时隐时显的。在船影之内，它简直是看不见了。

颜色十分清润的，是远洲的列树，水平线上的帆船。江水由船边的黄到中心的铁青到岸边的银灰色。有几只小轮在喷吐着煤烟；在烟囱的端际，它是黑色，在船影里，淡青，米色，苍白；在斜映着的阳光里，棕黄。

清晨时候的江行是色彩的。

46. 对花

◉ 柔　石

我用眼看你，你是何等美丽，但我用口嚼你，你是何等苦味呀！

唉，你含苞初放的时候，谁都知你脸上的春容，可掩映于三秋的流水，但当你凋零飘落于地面时，又谁知你心怀的凄楚，可共大地而长存？

我，而今知道了。

我将静默不移，永生在你的身前，用我的眼低视于我的脚下，待你飘落到我的脚下时，我将立刻轻轻地拾起你，葬在我的心头。

我用眼看着你，你是何等美丽，但我用口嚼你，你是何等苦味呀！

一九二五年五月八日

（据手稿）

47. 树

● 戴望舒

路上的列树已斩伐尽了，疏疏朗朗地残留着可怜的树根。路显得宽阔了一点，短了一点，天和人的距离似乎更接近了。太阳直射到头顶上，雨直淋到身上……是的，我们需要阳光，但是我们也需要阴荫啊！早晨鸟雀的啁啾声没有了，傍晚舒徐的散步没有了。空虚的路，寂寞的路！

离门前不远的地方，本来有一棵合欢树，去年秋天，我也还采过那长长的荚果给我的女儿玩的。它曾经娉婷地站立在那里，高高地张开它的青翠的华盖一般的叶子，寄托了我们的梦想，又给我们以清阴。而现在，我们却只能在虚空之中，在浮着云片的碧空的背景上，徒然地描画它的青翠之姿了。像现在这样的夏天的早晨，它的鲜绿的叶子和火红照眼的花，会给我们怎样的一种清新之感啊！它的浓荫之中藏着雏鸟小小的啼声，会给我们怎样的一种喜悦啊！想想吧，它的消失对于我们是怎样地可悲啊！

抱着幼小的孩子，我又走到那棵合欢树的树根边来了。锯痕已由淡黄变成黝黑了，然而年轮却还是清清楚楚的，并没有给苔藓或是芝菌侵蚀去。我无聊地数着这一圈圈的年轮，四十二圈！正是我的年龄。它和我度过了同样的岁月，这可怜的合欢树！

树啊，谁更不幸一点，是你呢，还是我？

137

48. 破晓

● 梁遇春

今天破晓酒醒时候，我忽然忆起前晚上他向我提过"空持罗带，回首恨依依"这两句词。仿佛前宵酒后曾有许多感触。宿酒尚未全醒的我，就闭着眼睛暗暗地追踪那时思想的痕迹。底下所写下来的就是还逗留在心中的一些零碎。也许有人会拿心理分析的眼光含讥地来解剖这些杂感，认为是变态的，甚至于低能的，心理的表现；可是我总是十分喜欢它们。因为我爱自己醒时流泪醉时歌这两种情怀凑合成的东西。而且以善于写信给学生家长，而荣膺大学校长的许多美国大学校长，和单知道立身处世，势利是图的佛兰克林式的人物，虽然都是神经健全，最合于常态心理的人们，却难免得使甘于堕落的有志之士恶心。

"空持罗带，回首恨依依"，这真是我们这一班人天天尝着的滋味。无数黄金的希望失掉了，只剩下希望的影子，做此刻惆怅的资料，此刻又弄出许多幻梦，几乎是明知道不能实现的幻梦，那又是将来回首时许多感慨之所系。于是乎，天天在心里建起七宝楼台，天天又看到前天架起的灿烂的建筑物消失在云雾里，化作命运的狞笑，仿佛亚俪丝异乡游记里所说的空中里一个猫的笑脸。可是我们心里又晓得命是自己，某一位文豪早已说过，"性格是命运"了！不管我们怎样似乎坦白地向朋友们，向自己痛骂自己的无能和懦弱，可是对于这个几十年来寸步不离，形影相依的自己怎能说没有怜惜，所以只好抓着空气，捏成一个莫名其妙的命运，把天下地上的一切可杀不可留的事情全归诿在他（照希腊神话说，应当称为她们）的身上，自己清风朗月般在旁学泼妇的骂街。屠格涅夫在他的某一篇小说里不是说过：Destiny makes everyman, and everyman makes his own destiny（命运定了一切人，然而一切人能够定他自己的命运）。

屠格涅夫，这位旅居巴黎，后来害了谁也不知道的病死去的老文人，从前我对他很赞美，后来却有些失恋了。他是一个意志薄弱的人，他最爱用微酸的笔调来描绘意志薄弱的人，我却也是个意志薄弱的人，也常在玩弄或者吐唾自己这种心性，所以我对于他的小说深有同感，然而太相近了，书上的字，自己心里的意思，颠来倒去无非意志薄弱这个概念，也未免太单调，所以我已经和他久违了。他在年青时候曾跟一个农奴的女儿发生一段爱情，好像还产有一位千金，后来却各自西东了，他小说里也常写这一类飞鸿踏雪泥式的恋爱，我不幸得很或者幸得很却未曾有过这么一回事，所以有时倒觉得这个题材很可喜，这也是我近来又翻翻几本破旧尘封的他的小说集的动机。这几天偷闲读屠格涅夫，无意中却有个大发现，我对于他的敬慕也至新燃起来了。屠格涅夫所深恶的人是那班成功的人，他觉得他们都是很无味的庸人，而那班从娘胎里带来一种一事无成的性格的人们却多少总带些诗的情调。他在小说里凡是说到得意的人们时，常现出藐视的微笑和嘲侃的口吻。这真是他独到的地方，他用歌颂英雄的心情来歌颂弱者，使弱者变为他书里唯一的英雄，我觉得他这种态度是比单描写弱者性格，和同情于弱者的作家是更别致，更有趣得多。实在说起来，值得我们可怜的绝不是一败涂地的，却是事事马到功成的所谓幸运人们。

人们做事情怎么会成功呢？他必定先要暂时跟人世间一切别的事情绝缘，专心致志去干目前的勾当。那么，他进行得愈顺利，他对于其它千奇百怪的东西越离得远，渐渐对于这许多有意思的玩意儿感觉迟钝了，最后逃不了个完全麻木。若使当他干事情时，他还是那样子

处处关心，事事牵情，一曝十寒地做去，他当然不能够有什么大成就，可是他保存了他的趣味，他没有变成个只能对于一个刺激生出反应的残缺的人。有一位批评家说第一流诗人是不做诗的，这是极有道理的话。他们从一切目前的东西和心里的想像得到无限诗料，自己完全浸在诗的空气里，鉴赏之不暇，那里还有找韵脚和配轻重音的时间呢？人们在刺心的悲哀里时是不会做悲歌的，Tennyson 的 In Me morian 是在他朋友死后三年才动笔的。一生都沉醉于诗情中的绝代诗人自然不能写出一句的诗来。感觉钝迟是成功的代价，许多扬名显亲的大人物所以常是体广身胖，头肥脑满，也是出于心灵的空虚，无忧无虑麻木地过日子。归根说起来，他们就是那么一堆肉而已。

人们对于自己的功绩常是带上一重放大镜。他不单是只看到这个东西，瞧不见春天的花草和街上的美女，他简直是攒到他的对象里面去了。也可说他太走近他的对象，冷不防地给他的对象一口吞下。近代人是成功的科学家，可是我们此刻个个都做了机械的奴隶，这件事聪明的 Samuel Butler 六十年前已经屈指算出，在他的杰作虚无乡（Erewhon）里慨然言之矣。崇拜偶像的上古人自己做出偶像来跟自己打麻烦，我们这班聪明的，知道科学的人们都觉得那班老实人真可笑，然而我们费尽心机发明出机械，此刻它们翻脸无情，踏着铁轮来蹂躏我们了。后之视今，犹今之视昔，真不知道将来的人们对于我们的机械会作何感想，这是假设机械没有将人类弄得覆灭，人生这幕喜剧的悲剧还继续演着的话。总之，人生是多方面的，成功的人将自己的十分之九杀死，为的是要让那一方面尽量发展，结果是尾大不掉，虽生犹死，失掉了人性，变做世上一两件极微小的事物的祭品了。

世界里什么事一达到圆满的地位就是死刑的宣告。人们一切的痴望也是如此，心愿当真实现时一定不如蕴在心头时那么可喜。一件美的东西的告成就是一个幻觉的破灭，一场好梦的勾销。若使我们在世上无往而不如意，恐怕我们会烦闷得自杀了。逍遥自在的神仙的确是比监狱中终身监禁的犯人还苦得多。闭在黑暗房里的囚犯还能做些梦消遣，神仙们什么事一想立刻就成功，简直没有做梦的可能了。所以失败是幻梦的保守者，惆怅是梦的结晶，是最愉快的，洒下甘露的情绪。我们做人无非为着多做些依依的心怀，才能逃开现实的压迫，剩些青春的想头，来滋润这将干枯的心灵。成功的人们劳碌一生最后的收获是一个空虚，一种极无聊赖的感觉，厌倦于一切的胸怀，在这本无目的的人生里，若使我们一定要找一个目的来磨折自己，那么最好的目的是制做"空持罗带，回首恨依依"的心境。

49. 途中

◉ 梁遇春

今天是个潇洒的秋天，飘着零雨，我坐在电车里，看到沿途店里的伙计们差不多都是懒洋洋地在那里谈天，看报，喝茶——喝茶的尤其多，因为今天实在有点冷起来了。还有些只是倚着柜头，望望天色。总之纷纷扰扰的十里洋场顿然现出闲暇悠然的气概，高楼大厦的商店好像都化做三间两舍的隐庐，里面那班平常替老板挣钱，向主顾陪笑的伙计们也居然感到了生活余裕的乐处，正在拉闲扯散地过日，仿佛全是古之隐君子了。路上的行人也只是稀稀的几个，连坐在电车里面上银行去办事的洋鬼子们也燃着烟斗，无聊赖地看报上的广告，平时的燥气全消，这大概是那件雨衣的效力罢！到了北站，换上去西乡的公共汽车，雨中的秋之田野是别有一种风味的。外面蒙蒙细雨是看不见的，看得见的只是车窗上不断地来临的小雨点，同河面上错杂得可

喜的纤纤雨脚。此外还有粉般的小雨点从破了的玻璃窗进来，栖止在我的脸上。我虽然有些寒战，但是受了雨水的洗礼，精神变成格外地清醒。已撄肚网，醉生梦死久矣的我真不容易有这么清醒，这么气爽。再看外面的景色，既没有像春天那娇艳得使人们感到它的不能久留，也不像冬天那样树枯草死，好似世界是快毁灭了，却只是静默默地，一层轻轻的雨雾若隐若现地盖着，把大地美化了许多，我不禁微吟着乡前辈姜白石的诗句，真是"人生难得秋前雨"。忽然想到今天早上她皱着眉头说道："这样凄风苦雨的天气，你也得跑那么远的路程，这真可厌呀！"我暗暗地微笑。她哪里晓得我正在凭窗赏玩沿途的风光呢？她或者以为我现在必定是哭丧着脸，像个到刑场的死囚，万不会想到我正流连着这叶尚未凋，草已添黄的秋景。同情是难得的，就是错误的同情也是无妨，所以我就让她老是这样可怜我的仆仆风尘罢；并且有时我有什么逆意的事情，脸上露出不豫的颜色，可以借路中的辛苦来遮掩，免得她一再追究，最后说出真话，使她凭添了无数的愁绪。

　　其实我是个最喜欢在十丈红尘里奔走道路的人。我现在每天在路上的时间差不多总在两点钟以上，这是已经有好几月了，我却一点也不生厌，天天走上电车，老是好像开始蜜月旅行一样。电车上和道路上的人们彼此多半是不相识的，所以大家都不大拿出假面孔来，比不得讲堂里，宴会上，衙门里的人们那样彼此拼命地一味敷衍。公园，影戏院，游戏场，馆子里面的来客个个都是眉开眼笑的，最少也装出那么样子；墓地，法庭，医院，药店的主顾全是眉头皱了几十纹的，这两下都未免太单调了，使我们感到人世的平庸无味。车子里面和路上的人们却具有万般色相，你坐在车里，只要你睁大眼睛不停地观察三十分钟，你差不多可以在所见的人们脸上看出人世一切的苦乐感觉同人心的种种情调。你坐在位子上默默地鉴赏，同车的客人们老实地让你从他们的形色举止上去推测他们的生平同当下的心境，外面的行人一一现你眼前，你尽可恣意瞧着，他们并不会晓得，而且他们是这么不断地接连走过，你很可以拿他们来彼此比较，这种普通人的行列的确是比什么赛会都有趣得多，路上源源不绝的行人可说是上帝设计的赛会，当然胜过了我们佳节时红红绿绿的玩意儿了。并且在路途中我们的心境是最宜于静观的，最能吸收外界的刺激的。我们通常总是有事干，正经事也好，歪事也好，我们的注意免不了特别集中在一点上，只有路途中，尤其走熟了的长路，在未到目的地以前，我们的方寸是悠然的，不专注于一物，却是无所不留神的，在匆匆忙忙的一生里，我们此时才得好好地看一看人生的真况。所以无论从那一方面说起，途中是认识人生最方便的地方。车中，船上同人行道可说是人生博览会的三张入场券，可惜许多人把它们当做废纸，空走了一生的路。我们有一句古话："读万卷书，行万里路。"所谓行万里路自然是指走遍名山大川，通都大邑，但是我觉换一个解释也是可以。一条的路你来往走了几万遍，凑成了万里这个数目，只要你真用了你的眼睛，你就可以算是懂得人生的人了。俗语说道："秀才不出门，能知天下事"，我们不幸未得入泮，只好多走些路，来见见世面罢！对于人生有了清澈的观照，世上的荣辱祸福不足以扰乱内心的恬静，我们的心灵因此可以获到永久的自由，可见个个的路都是到自由的路，并不限于罗素先生所钦定的：所怕的就是面壁参禅，目不窥路的人们，他们自甘沦落，不肯上路，的确是无法可办。读书是间接地去了解人生，走路是直接地去了解人生。一落言诠，便非真谛，所以我觉得万卷书可以搁开不念，万里路非放步走去不可。

　　了解自然，便是非走路不可。但是我觉得有意的旅行倒不如通常的走路那样能与自然更见亲密。旅行的人们心中只惦着他的目的地，精神是紧张的。实在不宜于裕然地接受自然的美景。并且天下的风光

是活的，并不拘于一谷一溪，一洞一岩。旅行的人们所看的却多半是这些名闻四海的死景，人人莫名其妙照例赞美的胜地。旅行的人们也只得依样葫芦一番，做了万古不移的传统的奴隶。这又何苦呢？并且只有自己发现出的美景对着我们才会有贴心的亲切感觉，才会感动了整个心灵，这些好景却大抵是得之偶然的，绝不能强求。所以有时因公外出，在火车中所瞥见的田舍风光会深印在我们的心坎里，而花了盘川，告了病假去赏玩的名胜倒只是如烟如雾地浮动在记忆的海里。今年的春天同秋天，我都去了一趟杭州，每天不是坐在划子里听着舟子的调度，就是跑山，恭敬地聆着车夫的命令，一本薄薄的指南隐隐地含有无上的威权，等到把所谓胜景一一领过了，重上火车，我的心好似去了重担。当我再继续过着我通常的机械生活，天天自由地东瞧西看，再也不怕受了舟子，车夫，游侣的责备，再也没有什么应该非看不可的东西，我真快乐得几乎发狂。西泠的景色自然是渐渐消失得无影无迹，可惜消失得太慢，起先还做了我几个噩梦的背境。当我梦到无私的车夫带我走着崎岖难行的宝石山或者光滑不能住足的往龙井的石路，不管我怎样求免，总是要迫我去看烟霞洞的烟霞同龙井的龙角。谢谢上帝，西湖已经不再浮现在我的梦中了。而我生平所最赏心的许多美景是从到西乡的公共汽车的玻璃窗得来的。我坐在车里，任它一上一下，一左一右地跳荡，看着老看不完的十八世纪长篇小说，有时闭着书随便望一望外面天气，忽然觉得青翠迎人，遍地散着香花，晴天现出不可描摹的蓝色。我顿然感到春天已到大地，这时我真是神魂飞在九霄云外了。再去细看一下，好景早已过去，剩下的是闸北污秽的街道，明天再走到原地，一切虽然仍旧，总觉得有所不足，与昨天是不同的，于是乎那天的景色永留在我的心里。甜蜜的东西看得太久了也会厌烦，真真的好景都该这样一瞬即逝，永不重来。婚姻制度的最大毛病也就是在于日夕聚首：将一切好处都因为太熟而化成坏处

了。此外在热狂的夏天，风雪载途的冬季常出乎意料地获到不可名言的妙境，滋润着我的心田。会心不远，真是陆放翁所谓的"何处楼台无月明"。自己培养有一个易感的心境，那么走路的确是了解自然的捷径。

"行"不单是可以使我们清澈地了解人生同自然，它自身又是带有诗意的，最浪漫不过的。雨雪霏霏，杨柳依依，这些境界只有行人才有福享受的。许多奇情逸事也都是靠着几个人的漫游而产生的。《西游记》，《镜花缘》，《老残游记》，Cervantes 的《吉诃德先生》（Don Quixote），Sw ift 的《海外轩渠录》 （Gulliver's Trav – els），Bunyan 的《天路历程》（Pilgrim's Progress），Cowper 的《痴汉骑马歌》（JohnGilpin），Dickens 的 Pickwick PaPers，Byron 的 Childe Harold's Pilgrimage，Fielding 的 Joseph Andrews，Gogols 的 DeadSouls 等不可一世的杰作没有一个不是以"行"为骨子的，所说的全是途中的一切，我觉得文学的浪漫题材在爱情以外，就要数到"行"了。陆放翁是个豪爽不羁的诗人，而他最出色的杰作却是那些纪行的七言。我们随便抄下两首，来代我们说出"行"的浪漫性罢！

剑南道中遇微雨

衣上征尘杂酒痕，远游无处不销魂，

此身合是诗人未，细雨骑驴入剑门。

南定楼遇急雨

行遍梁州到益州，今年又作度泸游，

江山重复争供眼，风雨纵横乱入楼，

人语朱离逢峒獠，掉歌欸乃下吴州，

天涯住稳归心懒，登览茫然却欲愁。

　　因为"行"是这么会勾起含有诗意的情绪的，所以我们从"行"可以得到极愉快的精神快乐，因此"行"是解闷销愁的最好法子，将濒自杀的失恋人常常能够从漫游得到安慰，我们有时心境染了凄迷的色调，散步一下，也可以解去不少的忧愁。Howthorne 同 Edgar Allan Poe 最爱描状一个心里感到空虚的悲哀的人不停地在城里的各条街道上回复地走了又走，以冀对于心灵的饥饿能够暂时忘却，Dostoievsky 的《罪与罚》里面的 Raskolnikov 犯了杀人罪之后，也是无目的到处乱走，仿佛走了一下，会减轻了他心中的重压。甚至于有些人对于"行"具有绝大的趣味，把别的趣味一齐压下了，Stevenson 的《流浪汉之歌》就表现出这样的一个人物，他在最后一段里说道："财富我不要，希望，爱情，知己的朋友，我也不要；我所要的只是上面的青天同脚下的道路。"

Wealth I ask not, hope nor love,

Nor a friend to know me;

All I ask, the heaven above

And the road below me.

　　Walt Whitman 是一个歌颂行路的诗人，他的《大路之歌》真是"行"的绝妙赞美诗，我就引他开头的雄浑诗句来做这段的结束罢！

A foot and light hearted I take to the open road。

Healthy, free, the world before me,

The long brown path before me leading where

ven I Choose.

我们从摇篮到坟墓也不过是一条道路，当我们正寝以前，我们可说是老在途中。途中自然有许多的苦辛，然而四围的风光和同路的旅人都是极有趣的，值得我们跋涉这程路来细细鉴赏。除开这条悠长的道路外，我们并没有别的目的地，走完了这段征程，我们也走出了这个世界，重回到起点的地方了。科学家说我们就归于毁灭了，再也不能重走上这段路途，主张灵魂不灭的人们以为来日方长，这条路我们还能够一再重走了几千万遍。将来的事，谁去管它，也许这条路有一天也归于毁灭。我们还是今天有路今天走罢，最要紧的是不要闭着眼睛，朦朦一生，始终没有看到了世界。

50. 又是一年春草绿

◉ 梁遇春

一年四季，我最怕的却是春天。夏的沉闷，秋的枯燥，冬的寂寞，我都能够忍受，有时还感到片刻的欣欢。灼热的阳光，憔悴的霜林，浓密的乌云，这些东西跟满目创痍的人世是这么相称，真可算做这出永远演不完的悲剧的绝好背景。当个演员，同时又当个观客的我虽然心酸，看到这么美妙的艺术，有时也免不了陶然色喜，传出灵魂上的笑涡了。坐在炉边，听到呼呼的北风，一页一页翻阅一些畸零人的书信或日记，我的心境大概有点像人们所谓春的情调罢。可是一看到阶前草绿，窗外花红，我就感到宇宙的不调和，好像在弥留病人的榻旁听到少女的轻脆的笑声，不，简直好像参加婚礼时候听到凄楚的丧钟。这到底是恶魔的调侃呀，还是垂泪的慈母拿几件新奇的玩物来哄临终

的孩子呢？每当大地春回的时候，我常想起哈姆雷特里面那位姑娘戴着鲜花圈子，唱着歌儿，沉到水里去了。这真是莫大的悲剧呀，比哈姆雷特的命运还来得可伤，叫人们啼笑皆非，只好朦胧地徜徉于迷途之上，在谜的空气里度过鲜血染着鲜花的一生了。坟墓旁年年开遍了春花，宇宙永远是这样二元，两者错综起来，就构成了这个杂乱下劣的人世了。其实不单自然界是这样子安排颠倒遇颠连，人事也无非如此白莲与污泥相接。在卑鄙坏恶的人群里偏有些雪白晶清的灵魂，可是旷世的伟人又是三寸名心未死，落个白玉之玷。天下有了伪君子，我们虽然亲眼看见美德，也不敢贸然去相信了；可是极无聊，极不堪的下流种子有时却磊落大方，一鸣惊人，情愿把自己牺牲了。席勒说，"只有错误才是活的，真理只好算做个死东西罢了"，可见连抽象的境界里都不会有个称心如意的事情了。"可哀唯有人间世"，大概就是为着这个原因罢。

　　我是个常带笑脸的人，虽然心绪凄其的时候居多。可是我的笑并不是百无聊赖时的苦笑，假使人生单使我们觉得无可奈何，"独闭空斋画大圈"，那么这个世界也不值得一笑了。我的笑也不是世故老人的冷笑，忙忙扰扰的哀乐虽然尝过了不少，鬼鬼祟祟的把戏虽然也窥破了一二，我却总不拿这类下流的伎俩放在眼里，以为不值得尊称为世故的对象，所以不管有多么焦头烂额，立在这片瓦砾场中，我向来不屑对于这些加之以冷笑。我的笑也不是哀莫大于心死以后的狞笑，我现在最感到苦痛的就是我的心太活跃了，不知怎的，无论到那儿去，总有些触目伤心，凄然泪下的意思，大有失恋与伤逝冶于一炉的光景，怎么还会狞笑呢。我的辛酸心境并不是年青人常有的那种累带诗意的感伤情调，那是生命之杯盛满后溅出来的泡花，那是无上的快乐呀，释迦牟尼佛所以会那么陶然，也就是为着他具了那个清风朗月的慈悲境界罢。走入人生迷园而不能自拔的我怎么会有这种的闲情逸致呢！

我的辛酸心境也不是像丁尼生所说的"天下最沉痛的事情莫过于回忆起欣欢的日子"。这位诗人自己却又说道："曾经亲爱过，后来永诀了，总比绝没有亲爱过好多了。"我是没有过这么一度的鸟语花香，我的生涯好比没有绿洲的空旷沙漠，好比没有棕榈的热带国土，简直是挂着蛛网，未曾听过管弦声的一所空屋。我的辛酸心境更不是像近代仕女们脸上故意贴上的"黑点"，朋友们看到我微笑着道出许多伤心话，总是不能见谅，以为这些娓娓酸话无非拿来点缀风光，更增生活的妩媚罢了。"知己从来不易知"，其实我们也用不着这样苛求，谁敢说真知道了自己呢，否则希腊人也不必在神庙里刻上"知道你自己"那句话了。可是我就没有走过芳花缤纷的蔷薇的路，我只看见枯树同落叶；狂欢的宴席上排了一个白森森的人头固然可以叫古代的波斯人感到人生的悠忽而更见沉醉，骷髅搂着如花的少女跳舞固然可以使荒山上月光里的撒但摇着头上的两角哈哈大笑，但是八百里的荆棘岭总不能算做愉快的旅程罢；梅花落后，雪月空明，当然是个好境界，可是牛山濯濯的峭壁上一年到底只有一阵一阵的狂风瞎吹着，那就会叫人思之欲泣了。这些话虽然言之过甚，缩小来看，也可以映出我这个无可为欢处的心境了。

在这个无时无地都有哭声回响着的世界里年年偏有这么一个春天；在这个满天澄蓝，泼地草绿的季节毒蛇却也换了一套春装睡眼朦胧地来跟人们作伴了，禁闭于层冰底下的秽气也随着春水的绿波传到情侣的身旁了。这些矛盾恐怕就是数千年来贤哲所追求的宇宙本质罢！蕞尔的我大概也分了一份上帝这笔礼物罢。笑涡里贮着泪珠儿的我活在这个乌云里夹着闪电，早上彩霞暮雨凄凄的宇宙里，天人合一，也可以说是无憾了，何必再去寻找那个无根的解释呢。"满眼春风百事非"，这般就是这般。

51. 毋忘草

◉ 梁遇春

一

Butler 和 Stevenson 都主张我们应当衣袋里放一本小簿子，心里一涌出什么巧妙的念头，就把它抓住记下，免得将来逃个无影无踪。我一向不大赞成这个办法，一则因为我总觉得文章是"妙手偶得之"的事情，不可刻意雕出。那大概免不了三分"匠"意。二则，既然记忆力那么坏，有了得意的意思又会忘却，那么一定也会忘记带那本子了，或者带了本子，没有带笔，结果还是一个忘却，到不如安分些，让这些念头出入自由罢。这些都是壮年时候的心境。

近来人事纷扰，感慨比从前多，也忘得更快，最可恨的是不全忘去，留个影子，叫你想不出全部来觉得怪难过的。并且在人海的波涛里浮沉着，有时颇顾惜自己的心境，想留下来，做这个徒然走过的路程的标志。因此打算每夜把日间所胡思乱想的多多少少写下一点儿，能够写多久，那是连上帝同魔鬼都不知道的。

二

老子用极恬美的文字著了道德经，但是他在最后一章里却说，"信言不美，美言不信"。大有一笔勾销前八十章的样子。这是抓到哲学核心的智者的态度。若使他没有看透这点，他也不会写出这五千言了。天下事讲来讲去讲到彻底时正同没有讲一样，只有知道讲出来是没有意义的人才会讲那么多话。又讲得那么好。Montaigne Voltaire, Pascal, Hume 说了许多话，却是全没有结论，也全因为他们心里是雪亮的，晓得万千种话一灯青，说不出什么大道理来，所以他们会那样滔滔不绝，头头是道。天下许多事情都是翻筋斗，未翻之前是这么站着，既翻之后还是这么站着，然而中间却有这么一个筋斗！

镜君屡向我引起庄子的"道隐于小成，言隐于荣华"，又屡向我盛称庄生文章的奇伟瑰丽，他的确很懂得庄子。

三

我现在深知道"忆念"这两个字的意思，也许因为此刻正是穷秋时节罢。忆念是没有目的，没有希望的，只是在日常生活里很容易触物伤情，想到千里外此时有个人不知道作什么生。有时遇到极微细的，跟那个人绝不相关的情境，也会忽然联想起那个穿梭般出入我的意识的她，我简直认为这念头是来得无端。忆念后又怎么样呢？没有怎么样，我还是这么一个人。那么又何必忆念呢？但是当我想不去忆念她时，我这想头就是忆念着她了。当我忘却了这个想头，我又自然地忆念起来了。我可以闭着眼睛不着外界的东西，但是我的心眼总是清炯炯的，总是想着她的情影。在欢场里忆起她时，我感到我的心境真是静悄悄得像老人了。在苦痛时忆起她时，我觉得无限的安详，仿佛以为我已挨尽一切了。总之，我时时的心境都经过这么一种洗礼，不管当时的情绪为何，那色调是绝对一致的，也可以说她的影子永离不开我了。

"人间别久不成悲"，难道已浑然好像没有这么一回事吗？不，绝不！初别的时候心里总难免万千心绪起伏着，就构成一个光怪陆离的悲哀。当一个人的悲哀变成灰色时，他整个人溶在悲哀里面去了，惆怅的情绪既为他日常心境，他当然不会再有什么悲从中来了。

52．春天的消逝

● 缪崇群

一

襁褓，摇篮，床，"席梦思"的床……人长着，物换着。

哭着，笑着，唱着，跳着，钻营着，驰骋着……宝贝——公子——伟人——伟人常常寿终正寝在他"席梦思"的床上。

二

人长着，物换着，今天耕田，拿起锄头；明天作工，拿起斧头……

青青的土地，滴滴的汗粒。漆黑的工厂，油般的血，血量的油，推动了，生产了，消耗着劳动者的力。

米谷并不值钱，地皮却越括越光了。血汗也没有用处，兜揽着，拍卖着，牺牲着……有数不清的人们是落荒地完全找不着他们的下场。

一年四季都是春天，春天的名字将从此消逝了。三百六十天的炎夏或隆冬，没有春天啊，春天的名字将从此消逝了。

整个的世纪是不景气的，消逝了的是整个世纪里的春天罢？

三

睡在"席梦思"床上想着金钱，女人，荣誉的伟人，惆怅着，春天的消逝啊！

躺在草上望着空空的天，漠漠的地，从娘胎里什么也没有带了来，现在还是什么也没有地徒着手。

手上有的是胼胝，可是充不了肚里的饥饿。开着花却没有果！

春天消逝了罢！时代需要着风狂和雨暴！

四

昨天我看见两个骑着战马在大街上奔驰的丘八，不带鞭，不挂枪，胁间挟满了盛开的桃花。今天出门，迎面便逢着一个玩弄着柳枝的妇人。

丘八的花，不知赠与何人；妇人的柳枝，想必有所系而折也。

真的春天是这样地消逝了罢？

五

Calendar 我常是几天一撕的，今年的 Easter 不经意地又已经到字纸篓子里去了。耶稣，基督在春天里受难，在春天里复活。

春天是与"上帝"同在么？阿门。

"春天的消逝"，怕又是一个无神论者了。

53. 眷眷草

◉ 缪崇群

恋情哟，你来，躺下吧！
像镇压我的生命的墓石一般的！

——亚赫玛托娃

之 一

一只淡黄色的佛手，其实是一个奇怪样子的拳头，有许多根手指卷曲着，好像有什么东西握在掌心里。

她拿起来嗅一嗅，轻轻说："多么香呀！"

我也拿起来嗅了一嗅，不经意却有同感地说："真是香哩。"

我忽然懊悔我所说的话有些唐突，因为这只佛手原是刚从她的手里放下，并且是刚被她嗅过的。

"真是香哩，"但不知道能不能代替或等于我也嗅过了她的手和她的气息那般地？

之　二

到了春天，小孩子和女人们的脸上，常常容易生起一种轻微的，发白色的癣，在我小的时候也生过。记得大人们说，不碍事，这叫"桃花癣"。我觉得这个癣的名字很美丽；一方面似乎说明了这种癣的季候性，一方面也在象征着她的美丽：桃花很容易谢，桃花也很够美丽。

我们正提着这癣的名字，有一个女孩子很坦白地怀疑起她自己，说："我脸上好像就有一块，一小块，不大看得出来罢？"

她不说，不会有人注意；即使注意，也很不容易一眼便发现出来。

"让我看！"

刚要走近她一步，她马上把一只手，连着腕子都遮盖到脸上，脸已经完全变得绯红。她怕人真得逼近了她，盯着要看她的脸。

这一刹那，她是真实地，无法掩藏地露出"羞花"之貌了。

之　三

一个我不认识的，也并不好看的女人，她独自立在庙堂的门口，垂着两只手，把肩臂无可奈何地倚在门边。门是很古旧的了，门框上还有许多没有糊过纸的小方格子。

我一眼瞥见了她的眸子里含着一种光辉。

她好像在瞩望着什么：庙堂里很幽暗，而神龛的那边更是黑沉沉的。

　　她在祈祷么？虽然她没有跪下，也不膜拜，可是从她的眼睛里我瞥见了虔诚：她的眼睛已经使周围发了光；她顿时变成了一个美丽的人。

　　一个有了信心的人，是比那些有着容貌的更可爱，更高贵的。

　　我怀恋着那些女人：虽然我不认识，也从来不曾见过一面的女人，她们知道神，默对着神，含着纯洁的泪珠，以自己唯一的虔诚的流露，奉献给神，为怀念着那些失去了的或是希冀着"他"还会归来的爱的慰抚！

（选自《春意草》）

54. 囚绿记

◉ 陆　蠡

　　这是去年夏间的事情。

　　我住在北平的一家公寓里。我占据着高广不过一丈的小房间，砖铺的潮湿的地面，纸糊的墙壁和天花板，两扇木格子嵌玻璃的窗，窗上有很灵巧的纸卷帘，这在南方是少见的。

　　窗是朝东的。北方的夏季天亮得快，早晨五点钟左右太阳便照进我的小屋，把可畏的光线射个满室，直到十一点半才退出，令人感到炎热。这公寓里还有几间空房子，我原有选择的自由的，但我终于选定了这朝东房间，我怀着喜悦而满足的心情占有它，那是有一个小小理由。

　　这房间靠南的墙壁上，有一个小圆窗，直径一尺左右。窗是圆的，

却嵌着一块六角形的玻璃。并且左下角是打碎了，留下一个大孔隙，手可以随意伸进伸出。圆窗外面长着常春藤。当太阳照过它繁密的枝叶，透到我房里来的时候，便有一片绿影。我便是欢喜这片绿影才选定这房间的。当公寓里的伙计替我提了随身小提箱，领我到这房间来的时候，我瞥见这绿影，感觉到一种喜悦，便毫不犹疑地决定下来，这样了截爽直使公寓里伙计都惊奇了。

绿色是多宝贵的啊！它是生命，它是希望，它是慰安，它是快乐。我怀念着绿色把我的心等焦了。我欢喜看水白，我欢喜看草绿。我疲累于灰暗的都市的天空，和黄漠的平原，我怀念绿色，如同涸辙的鱼盼等着雨水！我急不暇择的心情即使一枝之绿也视同至宝。当我在这小房中安顿下来，我移徙小台子到圆窗下，让我的面朝墙壁和小窗。门虽是常开着，可没人来打扰我，因为在这古城中我是孤独而陌生。但我并不感到孤独。我忘记了困倦的旅程和已往的许多不快的记忆。我望着这小圆洞，绿叶和我对语。我了解自然无声的语言，正如它了解我的语言一样。

我快活地坐在我的窗前。度过了一个月，两个月，我留恋于这片绿色。我开始了解渡越沙漠者望见绿洲的欢喜，我开始了解航海的冒险家望见海面飘来花草的茎叶的欢喜。人是在自然中生长的，绿是自然的颜色。

我天天望着窗口常春藤的生长。看它怎样伸开柔软的卷须，攀住一根绿引它的绳索，或一茎枯枝；看它怎样舒开折叠着的嫩叶，渐渐变青，渐渐变老，我细细观赏它纤细的脉络，嫩芽，我以揠苗助长的心情，巴不得它长得快，长得茂绿。下雨的时候，我爱它淅沥的声音，婆娑的摆舞。

忽然有一种自私的念头触动了我。我从破碎的窗口伸出手去，把两枚浆液丰富的柔条牵进我的屋子里来，教它伸长到我的书案上，让绿色和我更接近，更亲密。我拿绿色来装饰我这简陋的房间，装饰我过于抑郁的心情。我要借绿色来比喻葱茏的爱和幸福，我要借绿色来比喻猗郁的年华。我囚住这绿色如同幽囚一只小鸟，要它为我作无声的歌唱。

绿的枝条悬垂在我的案前了，它依旧伸长，依旧攀缘，依旧舒放，并且比在外边长得更快。我好像发现了一种"生的欢喜"，超过了任何种的喜悦。从前我有个时候，住在乡间的一所草屋里，地面是新铺的泥土，未除净的草根在我的床下茁出嫩绿的芽苗，蕈菌在地角上生长，我不忍加以剪除。后来一个友人一边说一边笑，替我拔去这些野草；我心里还引为可惜，倒怪他多事似的。

可是每天早晨，我起来观看这被幽囚的"绿友"时，它的尖端总朝着窗外的方向。甚至于一枚细叶，一茎卷须，都朝原来的方向。植物是多固执啊！它不了解我对它的爱抚，我对它的善意。我为了这永远向着阳光生长的植物不快，因为它损害了我的自尊心。可是我囚系住它，仍旧让柔弱的枝叶垂在我的案前。

它渐渐失去了青苍的颜色，变成柔绿，变成嫩黄；枝条变成细瘦，变成娇弱，好像病了的孩子。我渐渐不能原谅我自己的过失，把天空底下的植物移锁到暗黑的室内；我渐渐为这病损的枝叶可怜，虽则我恼怒它的固执，无亲热，我仍旧不放走它。魔念在我心中生长了。

我原是打算七月尾就回南去的。我计算着我的归期，计算这"绿囚"出牢的日子。在我离开的时候，便是它恢复自由的时候。

芦沟桥事件发生了。担心我的朋友电催我赶速南归。我不得不变更我的计划，在七月中旬，不能再留恋于烽烟四逼中的旧都，火车已经断了数天，我每日须得留心开车的消息。终于在一天早晨候到了。临行时我珍重地开释了这永不屈服于黑暗的囚人。我把瘦黄的枝叶放在原来的位置上，向它致诚意的祝福。愿它繁茂苍绿。

离开北平一年了。我怀念着我的圆窗和绿友。有一天，得重和它们见面的时候，会和我面生么？

55. 故乡的杨梅

◉ 鲁 彦

过完了长期的蛰伏生活，眼看着新黄嫩绿的春天爬上了枯枝，正欣喜着想跑到大自然的怀中，发泄胸中的郁抑，却忽然病了。

唉，忽然病了。

我这粗壮的躯壳，不知道经过了多少炎夏和严冬，被轮船和火车抛掷过多少次海角与天涯，尝受过多少辛劳与艰苦，从来不知道颤栗或疲倦的呵，现在却呆木地躺在床上，不能随意的转侧了。

尤其是这躯壳内的这一颗心。它历年可是铁一样的。对着眼前的艰苦，它不会畏缩；对着未来的憧憬，它不肯绝望；对着过去的痛苦，它不愿回忆的呵，然而现在，它却尽管凄凉地往复的想了。

唉，唉，可悲呵，这病着的躯壳的病着的心。

尤其是对着这细雨连绵的春天。

这雨，落在西北，可不全像江南的故乡的雨吗？细细的，丝一样，若断若续的。

故乡的雨，故乡的天，故乡的山河和田野……，还有那蔚蓝中衬着整齐的金黄的菜花的春天，藤黄的稻穗带着可爱的气息的夏天，蟋蟀和纺织娘们在濡湿的草中唱着诗的秋天，小船吱吱地独着沉默的薄冰的冬天……还有那熟识的道路，还有那亲密的故居……

不，不，我不想这些，我现在不能回去，而且是病着，我得让我

的心平静：恢复我过去的铁一般的坚硬，告诉自己：这雨是落在西北，不是故乡的雨——而且不像春天的雨，却像夏天的雨。

不要那样想吧，我的可怜的心呵，我的头正像夏天的烈日下的汽油缸，将要炸裂了，我的嘴唇正干燥得将要进出火花来了呢。让这夏天的雨来压下我头部的炎热，让……让……

唉，唉，就说是故乡的杨梅吧……它正是在类似这样的雨天成熟的呵。

故乡的食物，我没有比这更喜欢的了。倘若我爱故乡，不如就说我完全是爱的这叫做杨梅的果子吧。

呵，相思的杨梅！它有着多么惊异的形状，多么可爱的颜色，多么甜美的滋味呀。

它是圆的，和大的龙眼一样大小，远看并不稀奇，拿到手里，原来它是遍身生着刺的哩。这并非是它的壳，这就是它的肉。不知道的人，一定以为这满身生着刺的果子是不能进口的了，否则也须用什么刀子削去那刺的尖端的吧？然而这是过虑。

它原来是希望人家爱它吃它的。只要等它渐渐长熟，它的刺也渐渐软了，平了。那时放到嘴里，软滑之外还带着什么感觉呢？

没有人能想得到，它还保存着它的特点，每一根刺平滑地在舌尖上触了过去，细腻柔软而且亲切——这好比最甜蜜的吻，使人迷醉呵。

颜色更可爱呢。它最先是淡红的，像娇嫩的婴儿的面颊，随后变成了深红，像是处女的害羞，最后黑红了——不，我们说它是黑的。然而它并不是黑，也不是黑红，原来是红的。太红了，所以像是黑。轻轻的啄开它，我们就看见了那新鲜红嫩的内部，同时我们已染上了一嘴的红水。说他新鲜红嫩，有的人也许以为一定像贵妃的肉色似的荔枝吧？嗳，那就错了。荔枝的光色是呆板的，像玻璃，像鱼目；杨梅的光色却是生动的，像映着朝霞的露水呢。

滋味吗？没有十分成熟是酸带甜，成熟了便单是甜。这甜味可决不使人讨厌，不但爱吃甜味的人尝了一下舍不得丢掉，就连不爱吃甜味的人也会完全给它吸引住，越吃越爱吃。它是甜的，然而又依然是酸的，而这酸味，我们须待吃饱了杨梅以后，再吃别的东西的时候，才能领会得到。那时我们才知道自己的牙齿酸了，软了，连豆腐也咬不下了，于是我们才恍然悟到刚才吃多了酸的杨梅。我们知道这个，然而我们仍然爱它，我们仍须吃一个大饱。它真是世上最迷人的东西。

唉，唉，故乡的杨梅呵。

细雨如丝的时节，人家把它一船一船地载来，一担一担的挑来，我们一篮一篮的买了进来，挂一篮在檐口下，放一篮在水缸盖上，倒上一脸盆，用冷水一洗，一颗一颗的放进嘴里，一面还没有吃了，一面又早已从脸盆里拿起了一颗，一口气吃了一二十颗，有时来不及把它的核一一吐出来，便一直吞进了肚里。

"生了虫呢……蛇吃过了呢……"母亲看见我们吃得快，吃得多，便这样地说了起来，要我们仔细的看一看，多多的洗一番。

但我们并不管这些，它成了我们的生命，我们越吃越快了。

"好吃，好吃，"我们心里这样想着，嘴里却没有余暇说话。待肚子胀上加胀，胀上加胀，眼看着一脸盆的杨梅吃得一颗也不留，这才呆笨地挺着肚子，走了开去，叹气似的嘘出一声"咳"来……

唉，可爱的故乡的杨梅呵。

一年，二年……我已有十六七年不曾尝到它的滋味了。偶而回到故乡，不是在严寒的冬天，便是在酷热的夏天，或者杨梅还未成熟，或者杨梅已经落完了。这中间，曾经有两次，在异地见到过杨梅，比故乡的小，比故乡的酸，颜色又不及故乡的红。我想回味过去，把它买了许多来。

"长在树上，有虫爬过，有蛇吃过呢……"

我现在成了大人，有了知识，爱惜自己的生命甚于杨梅了。

我用沸滚的开水去细细的洗杨梅，觉得还不够消除那上面的微菌似的。

于是它不但更不像故乡的，简直不是杨梅了。我只尝了一二颗，便不再吃下去。

最后一次我终于在离故乡不远的地方见到了可爱的故乡的杨梅。

然而又因为我成了大人，有了知识，爱惜自己的生命甚于杨梅，偶然发现一条小虫，也就拒绝了回味的欢愉。

现在我的味觉也显然改变了，即使回到故乡，遇到细雨如丝的杨梅时节，即使并不害怕从前的那种吃法，我的舌头应该感觉不出从前的那种美味了，我的牙齿应该不能像从前似的能够容忍那酸性了。

唉，故乡离开我愈远了。

我们中间横着许多鸿沟。那不是千万里的山河的阻隔，那是……

唉，唉，我到底病了。我为什么要想到这些呢？

看呵，这眼前的如丝的细雨，不是若断若续的落在西北的春天里吗？

56. 柚子

◉ 鲁　彦

秋天，是萧瑟的秋天，枪声恩惠的离耳后的第三天，战云怜悯的跨过岳麓山后的第三天。

我忧郁地坐在楼上。

无聊的人，偏偏走入了无聊的长沙！

你们要恶作剧，你们尽去作罢，你们的头生在你们的颈上，割了去不会痛到我的颈上来。你们喜欢用子弹充饥，你们就尽量去容纳罢，于我是没有关系的。

于我有关系的只有那岳麓山，好玩的岳麓山。只要将岳麓山留给我玩，即使你们将长沙烧得精光，将湘水染成了血色——换一句话说，就是你们统统打死了，于我也没有关系。

我没有能力可以阻止你们恶作剧，我也不屑阻止你们这种卑贱的恶作剧，从自由论点出发，我还应该听你们自由的去恶作剧哩。

然而不，我须表示反对，反对你们的恶作剧。这原因，不是为着杀人，因为你们还没有杀掉我，是为着你们占据了我要去玩的岳麓山，我所爱的岳麓山。

呵，我的岳麓山，相思的我的岳麓山呀！

自然，命运注定着，不论哪家得胜，我总有在岳麓山巅高歌的一天，然而对于我两个朋友匆匆而来，匆匆而去的事，我总不能忘记你们的赐予。

他们是同我一样的第一次到你们贵处来，差不多和我同时踏入你们热气腾腾的辉煌的邦国。然而你们给他们的赐予是什么呢？是战栗和失色！可怜的两位朋友，他们平生听不见枪炮声，于是特地似的跑到长沙来，饱尝了一月，整整的一月的恐怖和忧愁。

他们一样的思慕着岳麓山，但是可怜的人，战云才过岳麓山，就匆匆的离开了长沙，怕那西风又将战云吹过来。咳咳，可怜的朋友，他们不知道岳麓山从此就要属于我们，却匆匆的走了。

从很远很远的地方来到长沙，连脚尖触一触岳麓山脚下的土的机会也没有，这是何等的不幸呀！

……

我独自的坐在楼上，忧郁咬着我的心了。我连忙下了楼，找着 T

君说："酒，酒！"拖着他就走。

未出大门就急急的跑进来了一个孩子，叫着说："看杀人去呵！看杀人去呵！"

杀人？现在还有杀人的事情？"在哪里？在哪里？"我们急急的问。

"浏阳门外！"

呵，呵，浏阳门外！我们住在浏阳门正街！浏阳门内！这样的糊涂，住在门内的人竟不知道门外还有一个杀人场——刑场！假使有一天无意中闯入了刑场，擦的一声，头飞了去又怎样呢？——不错，不错，这是很痛快的，这是很幸福的，这绝对没有像自杀时那样的难受，又想死，又怕死！这只是一阵发痒的风，吹过颈上，于是，于是就进了幸福的天堂了！

一阵"大——帝"的号声送入我们的耳内，我们知道那就是死之庆祝了。于是我们风也似的追了去，叫着说："看杀人呀！看杀人呀！"

街上的人都蜂拥着，跑的跑，叫的叫，我们挽着手臂，冲了过去，仿佛 T 君撞倒了一个人，我在别人的脚上踏了一脚。但这有什么要紧呢？为要扩一扩眼界——不过扩一扩眼界罢了——看一看过去不曾碰到过，未来或许难以碰到的奇事，撞到一二个人有什么要紧呢？况且，人家的头要被割掉，你们跌了一跤又算什么！托尔斯泰先生说过，"自由之代价者，血与泪也，"那么，我们为要得到在这许多人马中行走的自由，自然也只好请你们出一点血与泪的代价了。

牵牵扯扯的挽着臂跑，毕竟不行，要去看一看这空前的西洋景——不，这是东洋景，不得不讲个人主义，我便撒了 T 君拚着腿跑去。

侧阳门外的城基很高，上面已站满了人，跑上去一看，才知道刑场并不在这里，那一伙"大——帝"着的兵士被一大堆人簇拥着在远

远的汽车路上走。

"呵，呵！看杀人，看杀人呀！"许多人嘈杂的嚷着，飞跑着。

这些人，平常都是很庄严的，我从没有看见他们这样的扰嚷过。三天前，河干的枪炮声如雷一般的响，如雨一般的密，街上堆着沙袋，袋上袋旁站着刺刀鲜明的负枪的兵，有时故意将枪指一指行人，得得的扳一扳枪机，他们却仍很镇静，保持着庄严的态度，踱方步似的走了过去。偶然，有一个胆怯的人慌头慌脑的走过，大家就露出一种轻笑。平常我和 T 君跳着嚷着在街上走，他们都发着酸笑，他们的眼珠上露着两个字：疯子！现在，现在可是也轮到你们了，先生们！——不，我错了，跳着嚷着的不过是一般青年人和小孩们罢了，先生们确实还保持着人类的庄严呢；

我和 T 君跟着许多人走直径，从菜田中穿到汽车路上。从人丛中，我先看见了鲜明的刺刀，继而灰色的帽，灰色的服装。追上这排兵，看见了着黄帽黄衣，挂着指挥刀，系着红布的军官们。

"是一个秃头！是一个强壮的人！"T 君伸长着头颈，一面望着，一面这样的叫着说。

"在哪里？在哪里？"我跑着往前看，只是看不见。

"那高高的，大概坐在马上，或者有人挟着走吧，你看，赤着背，背上插着旗！——呵，雄赳赳的！

"唔，唔，秃头，一个大好的头颅！"我依稀的从近视镜中望见了一点。

"二十年后又是一个好汉！"

忽然，在我们前后面跑的人都向左边五六尺高的墓地跳了上去，我知道到了。

"这很好，杀了头就葬下，看了杀，就躺下！来罢，来罢，朋友，到坟墓里去!"我一面叫着 T 君,一面就往上跳。

"咦,咦,等我一等,不要背着我杀,不要辜负了我来看的盛意,不要扫我的兴!"我焦急的暗祷着,因为只是跳不上那五六尺高的地方。

"快来,快来!"T 君已跳上,一面叫着,一面却跑着走了。

"咳,咳,为了天下的第一件奇事,就爬罢,就如狗一样的爬吧!"我没法,便决计爬了。毕竟,做了狗便什么事情都容易,这五六尺高并不须怎样的用力,便爬上了。

大家都已一堆一堆的在坟尖上站住,我就跑到 T 君旁边,拖着他的臂站下,说:

"要杀头了!要杀头了!"

"要杀头了!要杀头了!"T 君和着说。

我的眼用力的睁着,光芒在四面游荡,寻找着那秃头。

果然,那秃头来卞!赤着背,反绑着手,手上插着一面旗。一阵微风,旗儿"轻柔而美丽的"飘扬着。

一柄鲜明的大刀,在他的后面闪烁着。

"他哭吗?他忧愁吗?"我问 T 君说。

"没有——还忧愁什么?"T 君看了我一眼。

"壮哉!"

只见——只见那秃头突然跪下,一个人拔去了他的旗子,刀光一闪,说时迟,那时快,只听见"好!"的一声,秃头像皮球似的从颈上跳了起来,落在前面四五尺远的草地上,鲜红的血从空颈上喷射出来,有二三尺高,身体就突的往前扑倒了。

"呵,咳!呵,咳!⋯⋯"我和 T 君战栗的互抱着,仿佛我们的颈项上少了一件东西。

"不,不要这样的胆怯,索性再看得仔细一点!"T 君拖着我,要

向那人群围着的地方去。

"算了罢，算了罢，"我钉住了脚。

于是 T 君独自的跑去了。

"不错，不错，不要失了这千载难逢的机会!"我念头一转，也跑了过去。

人们围着紧紧的，我不敢去挤，只伸长了脖子，踮着脚尖，望了下去：有一双青白的脚，穿着白的布袜，黑的布鞋，并挺在地上，大腿上露着一角蓝色的布裤。

"走，走!"有人恐怖的喝着，我吓了一跳，拔起脚就跑。

回过头去一看，见别人仍静静的站在那里，我才又转了回去，暗暗埋怨着自己说："这样的胆怯!"

这时一个久为风雨所侵染的如棺材似的东西，正向尸身上罩了下去，于是大家便都嚷着"去，去"，走了。

"呵，咳! 呵，咳!"我和 T 君互抱着，离开了那里，仿佛颈项上少了一件东西。

有一只手，红的手，拿着一团红的绳子，在我们的眼前摇过。

重担落在我们的心上，我们的脚拖不动了，我们怕在坟墓里，也怕离开坟墓，只是徐缓的摇着软弱的腿。

"这人的本领真好，只是一刀!"有一个人站在坟尖上和一个年轻的人谈论着。

"的确，的确，这人的本领真好，这样的一刀痛快得很，不要一分钟，不要一秒钟，不许你迟疑，不许你反悔，比扭扭怩怩的自杀好得多了。这样的死法是何等的痛快，是何等的幸福呀!"我对 T 君说。

"而且光荣呢，有许多人送终!" T 君看了我一眼说。

"不错，我们从此可以骄傲了，我们的眼睛竟有看这样光荣而幸福的事情的福气!"我说。

"然而也是我们眼睛的耻辱哩!"T君说,拖着我走到汽车路上。

路的那一边有几间屋子,屋外围着许多人,我们走近去一看:前面有一块牌,牌上贴着一张大纸,上面横书着"罪状"二字,底下数行小字:

查犯人王……向……今又当军事紧急……冒充军人,入县署强索款项……斩却示众!……"呵,他还与我同姓呢,T君!"我说。

"而且还和你一样的强壮哩!"T君的眼光箭似的射在我的眼上。

我摸一摸自己的头,骄傲的说:"我的头还在我的颈项上呢!小心你自己的罢!"

T君也摸了一摸,骄傲的摇了一摇头。

"仿佛记得许多书上说,从前杀头须等圣旨,现在县知事要杀人就杀人,大概是根据自由论罢。这真是革命以后的进步!"我挽着T君的臂,缓缓的走着,说。

"从前杀头要等到午时三刻,还要让犯人的亲戚来祭别,现在这些繁文都省免了,真是直截了当!"T君说。

"真真感激湖南人,到湖南才一月,就给我们看见了这样稀奇的一幕,在故乡,连听一听关于杀头的新闻也没有福气!"

"这就是革命发源地的特别文化!——哦,太阳看见这文化也羞怯了,你看!"T君用手指着天空。

西南角的惨淡的云中,羞怯的躲藏着太阳。

"看见这样灿烂的湖南,谁敢不肃静回避!"

"呵,咳,怎么呢?我走不动了!"T君靠着我站住了。

"是不是你的脚和他的一样青白了?"我说。

"唔,唔……"T君又勉强的走了。

"你们从什么地方来?"一个湖南有名的音乐家在浏阳门外碰到我们。

167

"看东洋景——不，湖南景，杀人！"我们回答说。

"难过吗？"

"哦，哦……"

"回去做一个歌来，填上谱子，唱！"他笑着说，走了过去。

"艺术家的残忍！"T君说。

"这不算什么，"我说，"我回去还要做一篇小说公之于世呢！"

"这什么价钱？"路上摆着担柚子，我拿起一个问卖柚子的说。

"四个铜子。"

"真便宜！湖南的柚子真多，而且也真好吃！买一二个罢？"我向T君说。

的确，柚子的味道真好，又酸又甜，价钱又便宜。我和T君都喜欢吃酸的东西；今年因为怕兵摘，所以种柚子的人家在未熟时就都摘来出卖了，这未成熟的柚子酸得更厉害，凑巧配我们两人的胃口，我们到湖南后第一件合意的就是这柚子，几乎天天要吃一个。

"你说这便宜的东西像什么？"T君拿起一个，右手丢起，左手接下，说，"又圆又光又便宜！"

呵，呵，这抛物线正如刚才那颗秃头落下去的样子，我连忙放下自己手中的一个，拔起脚步就跑。

"湖南的柚子呀！湖南人的头呀！"我和T君这样的叫着跑回了学校。

"你还要吃饭，你的头还在吗？"吃晚饭时我看着T君说。

"你呢？留心那后面呵！一刹那——"

我们都吃不下饭去，仿佛饭中有一颗头，带着鲜红的血。

"这在我们不算什么，这里差不多天天要杀人，况且今天只杀了一个！"坐在我们的对面一个人说。

"呵，原来如此，多谢你的指教！"

"柚子呀，湖南的柚子呀！"T君叹息似的说。

"这样便宜的湖南的柚子呀！"

57. 春意挂上了树梢

◉ 萧　红

三月花还没有开，人们嗅不到花香，只是马路上融化了积雪的泥泞干起来。天空打起朦胧的多有春意的云彩；暖风和轻纱一般浮动在街道上，院子里。春末了，关外的人们才知道春来。春是来了，街头的白杨树蹿着芽，拖马车的马冒着气，马车夫们的大毡靴也不见了，行人道上外国女人的脚又从长统套鞋里显现出来。笑声，见面打招呼声，又复活在行人道上。商店为着快快地传播春天的感觉，橱窗里的花已经开了，草也绿了，那是布置着公园的夏景。我看得很凝神的时候，有人撞了我一下，是汪林，她也戴着那样小沿的帽子。

"天真暖啦！走路都有点热。"

看着她转过"商市街"，我们才来到另一家店铺，并不是买什么，只是看看，同时晒晒太阳。这样好的行人道，有树，也有椅子，坐在椅子上，把眼睛闭起，一切春的梦，春的谜，春的暖力……这一切把自己完全陷进去。听着，听着吧！春在歌唱……

"大爷，大奶奶……帮帮吧！……"这是什么歌呢，从背后来的？这不是春天的歌吧！

那个叫花子嘴里吃着个烂梨，一条腿和一只脚肿得把另一只显得好像不存在似的。"我的腿冻坏啦！大爷，帮帮吧！唉唉……！"

有谁还记得冬天？阳光这样暖了！街树蹿着芽！

手风琴在隔道唱起来，这也不是春天的调，只要一看那个瞎人为着拉琴而扭歪的头，就觉得很残忍。瞎人他摸不到春天，他没有。坏了腿的人，他走不到春天，他有腿也等于无腿。

世界上这一些不幸的人，存在着也等于不存在，倒不如赶早把他们消灭掉，免得在春天他们会唱这样难听的歌。

汪林在院心吸着一支烟卷，她又换一套衣裳。那是淡绿色的，和树枝发出的芽一样的颜色。她腋下夹着一封信，看见我们，赶忙把信送进衣袋去。

"大概又是情书吧！"郎华随便说着玩笑话。

她跑进屋去了。香烟的烟缕在门外打了一下旋卷才消灭。

夜，春夜，中央大街充满了音乐的夜。流浪人的音乐，日本舞场的音乐，外国饭店的音乐……七点钟以后。中央大街的中段，在一条横口，那个很响的扩音机哇哇地叫起来，这歌声差不多响彻全街。若站在商店的玻璃窗前，会疑心是从玻璃发着震响。一条完全在风雪里寂寞的大街，今天第一次又号叫起来。

外国人！绅士样的，流氓样的，老婆子，少女们，跑了满街……有的连起人排来封闭住商店的窗子，但这只限于年轻人。也有的同唱机一样唱起来，但这也只限于年轻人。这好像特有的年轻人的集会。他们和姑娘们一道说笑，和姑娘们连起排来走。中国人混在这些卷发人中间，少得只有七分之一，或八分之一。但是汪林在其中，我们又遇到她。她和另一个也和她同样打扮漂亮的、白脸的女人同走……卷发的人用俄国话说她漂亮。她也用俄国话和他们笑了一阵。

中央大街的南端，人渐渐稀疏了。

墙根，转角，都发现着哀哭，老头子，孩子，母亲们……哀哭着的是永久被人间遗弃的人们！那边，还望得见那边快乐的人群。还听得见那边快乐的声音。

三月，花还没有，人们嗅不到花香。

夜的街，树枝上嫩绿的芽子看不见，是冬天吧？是秋天吧？但快乐的人们，不问四季总是快乐；哀哭的人们，不问四季也总是哀哭！

（作为"随笔三篇"之一首刊于1936年5月上海《中学生》第65号）

58. 公园

◉ 萧　红

树叶摇摇曳曳地挂满了池边。一个半胖的人走到桥上，他是一个报社的编辑。

"你们来多久啦？"他一看到我们两个在长石凳上就说。"多幸福，像你们多幸福，两个人逛逛公园……"

"坐在这里吧。"郎华招呼他。

我很快地让一个位置，但他没有坐，他的鞋底无意地踢撞着石子，身边的树叶让他扯掉两片。他更烦恼了，比前些日子看他更有点两样。

"你忙吗？稿子多不多？"

"忙什么！一天到晚就是那一点事，发下稿就完，连大样子也不看。忙什么，忙着幻想！"

"幻想什么？……这几天有信吗？"郎华问。

"什么信！那……一点意思也没有，恋爱对于胆小的人是一种刑罚。"

让他坐下，他故意不坐下；没有人让他，他自己会坐下。于是他又用手拨着脚下的短草。他满脸似乎蒙着灰色。

"要恋爱，那就大大方方地恋爱，何必受罪？"郎华摇一下头。

一个小信封，小得有些神秘的意味，从他的口袋里拔出来，拔着别有用心蝶或是什么会飞的虫儿一样，他要把那信给郎华看，结果只是他自己把头歪了歪，那信就放进了衣袋。

"爱情是苦的呢，是甜的？我还没有爱她对不对？家里来信说我母亲死的那天，我失眠了一夜，可第二天就恢复了。为什么她……她使我不安会整天，整夜？才通信两个礼拜，我觉得我的头发也脱落了不少，嘴上的小胡也增多了。"

当我们站起要离开公园时，又来一个熟人："我烦忧啊！我烦忧啊！"像唱着一般说。

我和郎华踏上木桥了，回头望时，那小树丛中的人影也像对那个新来的人说：

"我烦忧啊！我烦忧啊！"

我每天早晨看报，先看文艺栏。这一天，有编者的说话：

摩登女子的口红，我看相同于"血"。资产阶级的小姐们怎样活着的？不是吃血活着吗？不能否认，那是个鲜明的标记。人涂着人的"血"在嘴上，那是污浊的嘴，嘴上带着血腥的血色，那是污浊标记。

我心中很佩服他，因为他来得很干脆。我一面读报，一面走到院子里去，晒一晒清晨的太阳。汪林也在读报。

"汪林，起得很早！"

"你看，这一段，什么小姐不小姐，'血'不'血'的！这骂人的是谁？"

那天郎华把他做编缉的朋友领到家里来，是带着酒和菜回来的。

郎华说他朋友的女友到别处去进大学了。于是喝酒，我是帮闲喝，郎华是劝朋友。至于被劝的那个朋友呢？他嘴里哼着京调哼得很难听。

　　和我们的窗子相对的是汪林拉的胡琴。

　　天气开始热了，趁着太阳还没走到正空，汪林在窗下长凳上洗衣服。编辑朋友来了，郎华不在家，他就在院心里来回走转，可是郎华还没有回来。

　　"自己洗衣服，很热吧！"

　　"自己洗得干净。"汪林手里拿着肥皂答他。

　　郎华还不回来，他走了。

59. 虚荣的紫罗兰

◉ 纪伯伦

　　幽静的花园里，生长着一棵紫罗兰。她有美丽的小眼睛和娇嫩的花瓣。她生活在女伴们中间，满足于自己的娇小，在密密的草丛中愉快地摆来摆去。

　　一天早晨，她抬起顶着用露珠缀成的王冠的头，环顾四周，发现一株亭亭玉立的玫瑰，那么雍容而英挺，使人联想起绿宝石的烛台托着鲜红的小火舌。紫罗兰张开自己天蓝色的小嘴，叹了一口气，说：

　　"在香喷喷的草丛里，我是多么不显眼啊。在别的花中间，我几乎不被人看见。造化把我造得这般渺小可怜。我紧贴着地面生长，无力面向蓝色的苍穹，无力把面宠转向太阳，像玫瑰花那样。"

　　玫瑰花听到她身旁的紫罗兰的这番话，笑得颤动了一下，接着说：

　　"你这枝花多么愚蠢呵！你简直不理解自己的幸福，造化把很少赋予别类花朵的那种美貌、那种芬芳和娇嫩给予了你。抛弃你那些错误的想法和空洞的幻想，满足于自己的命运吧，要知道，温顺会使他变得坚强，谁要求过多，谁就会失去一切。"

紫罗兰回答道：

"呵，玫瑰花，你来安慰我，因为在我只能幻想的那一切，你都有了。你是那样美好，所以你用聪明的辞令粉饰我的渺小。但是对于不幸者来说，那些幸福者的安慰意味着什么呢？向弱者说教的强者总是残酷的！"

造化听到玫瑰与紫罗兰的对话，觉得奇怪，于是高声问：

"呵，女儿，你怎么了，我的紫罗兰？我知道你一向谦逊而有耐心，你温柔而又驯顺，你安贫而又高尚。难道你被空虚的愿望和无谓的骄傲制服了？"

紫罗兰用充满哀求的声调回答她：

"呵，你原是无上全能、悲悯万物的啊，我的母亲！我怀着满腔激情、满腔希望请求你，答应我的要求，把我变成玫瑰花吧，哪怕只一天也好！"

造化说：

"你不知道你请求的是什么。你不明白外表的华丽暗藏着不可预期的灾祸。当我把你的躯干抽长，改变了你的容貌，使你变成了玫瑰花，你会后悔的。可是到那时，后悔也无济于事了。"

紫罗兰答道：

"呵，把我变作玫瑰花吧！变作一株高高的玫瑰花，骄傲地抬着头！日后不论发生什么事，都由我自己承担！"

于是，造化说：

"呵，愚蠢而不听话的紫罗兰，我满足你的愿望！但是，如果不幸和灾祸突然降落在你的头上，那是你自己的过错！"

造化伸开了她那看不见的魔指，触了一下紫罗兰的根——转瞬间

紫罗兰变成了盛开的玫瑰，伫立在众芳之上。

午后，天边突然乌云密布，卷起旋风，雷电交加，隆隆作响。狂风和暴雨所组成的一支不计其数的大军突然向园林袭来；他们的袭击折断了树枝，扭弯了花茎，把傲慢的花朵连根拔起。花园里除了那些紧贴着地面生长或是隐藏在岩石缝里的花草之外，什么也不剩了。而那座幽静的花园遭到了比其他花园更多的灾难。

等到风停云散，花儿全死去了——她们像灰尘一样，满园零落，唯有躲在篱边的紫罗兰，在这场风暴的袭击之后，安然无恙。

一株紫罗兰抬起头来，看到花草树木遭遇，愉快地微笑了一下，招呼自己的女伴：

"瞧呵，暴风雨把那些自负为美的花朵变成了什么哟！"

另一株紫罗兰说：

"我们紫罗兰贴着地面生长，我们才躲过了狂风暴雨的愤怒。"

第三株喊道：

"我们是这般脆弱，但龙卷风并没有战胜我们！"

这时紫罗兰皇后向四周环顾了一下，突然看见昨天还是紫罗兰的那株玫瑰花。暴风雨把她从土里拔起，狂风扫去了她的花瓣，把她抛在湿漉漉的青草上。她躺在地上，像一个被敌人的箭射中了的人一样。

紫罗兰皇后挺直了身子，展开自己的小叶片，招呼女伴们说：

"看呵，看呵，我的女儿们！看着这株紫罗兰，为了能炫耀自己的美貌，她想变成一株玫瑰，哪怕是一小时也可以，就让眼前这景象引为你们的教训吧。"

濒死的玫瑰叹了一口气，集中了最后的力量，用微弱的声音回答道：

"听我说吧，你们这些愚蠢而谦逊的花儿，听着吧，暴风雨和龙卷风都把你们吓坏了！昨天我也和你们一样，藏在绿油油的草丛里，

175

满足于自己的命运。这种满足使我在生活的暴风雨里得到了庇护。我的整个存在的意义都包含在这种安全里，我从来不要求比这卑微的生存更多一点的宁静与享受。呵，我原是可以跟你样一样，紧贴着地面生长，等冬季用雪把我盖上，然后偕同你们去接受那死亡与虚无的宁静。但是，只有当我不知道生活的奥妙，我才能那样做，这种生活的奥妙，紫罗兰的族类是从来不知道的。从前我可以抑制自己的一切愿望，不去想那些得天独厚的花儿。但是我倾听着夜的寂静，我听见更高的世界对我们世界说：'生活的目的就在于追求比生活更高更远的东西。'这时我的心灵就不禁反抗起自己来了。我的心殷切地盼望升到比自己更高的地方。终于，我反抗了自己，我追求那些我不曾有过的东西直到我的愤怒化成了力量；我的向往变成了创造的意志。到那时，我请求造化——你们要知道，造化，那不过是我们一种神秘的幻觉的反映——我要求她把我变成玫瑰花。她这样做了。就像她常常用赏识和鼓励的手指变换自己的设计和素描一样。"

玫瑰花沉默了片刻，然后带着骄傲而优越的神情补充说：

"我做了一小时的玫瑰花，我就像皇后一样度过了这一小时。我用玫瑰花的眼睛观察过宇宙。我用玫瑰花的耳朵倾听过以太的私语。我用玫瑰花的叶片感受过光的变幻。难道你们中间找得出一位，蒙受过这样的荣光么？"玫瑰低下头，已经喘不上气来，说：

"我就要死了。我要死了。但我内心里却有一种从来没有一株紫罗兰所体验过的感觉。我要死了，但是我知道，我所存在的那个有限的后面隐藏着的是什么。这就是生活的意义。这就是本质的所在，隐藏在无论是白天或夜晚的机缘之后的本质！"

玫瑰卷起自己的叶子，微微叹了一口气，死去了，她的脸上浮着超凡绝俗的微笑——那是理想实现的微笑，胜利的微笑，上帝的微笑。

60. 听泉

◉ 东山魁夷

一群一群的鸟儿飞过空旷的原野，鸣叫着，快乐极了。

有时候四五只联翩飞翔，有时候排成一字长蛇阵。啊，多么壮阔的鸟群！……

鸟儿不停地鸣叫着，它们和睦相处，互相激励；有时又彼此憎恶，格斗，伤残。

今天，鸟群又飞过空旷的原野。它们时而飞过碧绿的田原，看到小河在太阳照射下发出耀眼的金光；时而飞过丛林，窥见鲜红的果实在树荫下闪烁。想从前，这样的地方比比皆是。可如今，满眼都是望不到边际的荒漠。任凭大地改换了模样，鸟儿一刻也不停歇，昨天，今天，明天，它们依然飞过这里。

难道鸟儿们每年都知道它们将飞到哪里吗？不是的，它们到底要飞向何方，谁也无从知晓，就连那些领头的鸟儿也无从知晓。

为什么必须飞得这样快？为什么就不能慢一点儿呢？

鸟儿只觉得光阴在匆匆忙忙中逝去了。然而，它们不知道时间是无限的、永恒的，逝去的只是鸟儿自己。它们飞得那样快，像在与时间赛跑。可它们没有想到，这会招来不幸，会使鸟儿更快地从这块土地上消失。

鸟儿依然忽喇喇拍着翅膀，以更快的速度飞过去……一道泉水穿过森林向远处流去，发出叮叮咚咚的响声。这里是鸟群休息的地方，尽管是短暂的，但对于飞越荒原的鸟群来说，这小溪何等珍贵！地球

上的一切生物都是这样，一天过去了，又去迎接明天的新生。

鸟儿降落在泉水旁边，亲吻泉水，稍做休息，耐心倾听泉水的絮语。鸣泉啊，你是否指点了鸟儿要去的方向？

泉水从地层深处涌出来，不间断地奔流着，从古到今，阅尽地面上一切生物的生死、荣枯。所以，鸟儿将去何处，泉水必定知道。

鸟儿站在清澄的水边，让泉水映照着身影，它们想必看到了自己疲倦的模样。它们醒悟了，鸟儿作为天之骄子的时代已经一去不复返了。

鸟儿想——检阅泉水的愿望难以实现。因为，它们只顾尽快飞翔。

不过，它们似乎有所觉悟，这样连续飞翔下去，到头来，鸟群本身就会泯灭的，但愿鸟儿尽早懂得这个道理。

我也是鸟群中的一份子，每个人都是一望无际的贫瘠的荒原上不知疲倦地飞翔的鸟儿。

人人心中都有一股泉水，只是日常的烦乱生活掩蔽了它的声音。当你夜半突然醒来，你会从心灵的深处，听到悠然的鸣声，那正是奔流不息的泉水啊！

回首前尘往事，多少次在这旷野上迷失了方向。每逢这个时候，当我听到心灵深处的鸣泉，我就重新找到了前进的方向。

泉水常常问我：你从不欺骗自己和别人吗？我总是深感内疚，答不出话来，只好默默低着头。

我从事绘画，是出自内心的祈望；我想诚实地生活。心灵的泉水告诫我：要谦虚，要诚实，要舍弃清高和偏执。

心灵的鸣泉教育我：只有舍弃自我，才能看得真实。

我想：舍弃自我是困难的，甚至是不可能的。然而，泉水明明白白对我说：美，正在于此。

61. 春天秋天冬天

● 塞维涅夫人

春天： 我心爱的孩子，这封信是为了告诉你，如果你想详细了解什么是春天，应该来请教我。从前，我对此只知道一些表面的东西，今年我进行了仔细的观察，一直到最细微的端倪。你认为一周来树木是什么颜色？你回答吧。你会说："绿色。"完全不对，是红色。树上长满随时准备绽开的幼芽，它们是地地道道的红色；不久，每个嫩芽都将变成一片嫩叶，但由于出叶时间先后不一，结果呈现红绿相间的非常妩媚的混杂。我们瞪大眼睛看着这些树吧；我们可以下很大的赌注——但输了不必付钱——，这条路两旁的树木两小时后都将变成绿色。如果你不信，我们就打赌吧。变魔术有一套程式，而山毛榉却另有一套。总之，人家在这方面可能知道的东西我都知道了。

(1690 年 4 月 5 日于岩石堡)

秋天美丽的色调：我到这儿来是为了度过晴朗的季节并且同树叶告别。树叶还没有掉下，只是变了颜色：它们现在不是绿的，而是金黄的，而且是绚烂缤纷的金黄色，构成一幅华丽的金色织锦；即使为了变换口味，我们也会觉得这比绿色更加美丽。

(1677 年 11 月 3 日于利弗里)

我依依不舍地离开这里，我的女儿，田野还是美丽的。那条林荫道和两边被毛虫蚕食过、现在又重新长出叶子的树木，比起春天来更加葱茏；大小篱笆被秋天五彩缤纷的色调装点着，成了画家们心爱的素材；

树的叶子有点稀疏了，但人们毫不因为树叶上斑痕累累而感到惋惜：田野的风光大致还是动人的，我独自用阅读来消磨时光。如果我在这儿感到烦闷，是因为你不在我身边。我不知道我在巴黎有什么事可做，那儿没有任何吸引我的东西。我在那感到很不自在，可是善良的修道院院长说有几件事要处理，而这里已经一切都安排妥当了，那么就去吧。这一年确实过得相当快，可是我同你的感觉完全一样：九月份特别长，仿佛有整整六个月那么长。

(1679 年 11 月 2 日于利弗里)

冬季的天空：我的女儿，一直到圣诞节前夕，我们这儿都阳光灿烂。那天，我在林荫道尽头散步，欣赏夕阳的景色，蓦然，我看见两旁升起诗意盎然的乌云和铺天盖地的浓雾，我立即逃遁了。直到今天，我都待在房间或小教堂里，足不出户。可是现在，鸽子已经衔来了橄榄枝，大地恢复了秀色，太阳又从它的巢穴里钻出来了，因此我又重新出来散心了。我非常亲爱的孩子，既然你关心我的健康，你可以相信，如果天气恶劣，我会留在炉火边看书同我儿子和媳妇聊天的。

(1689 年 12 月于岩石堡)

格里南的冬天：肖尔内夫人来信说，这儿阳光灿烂，我一定是无比幸福的。她以为我们这儿天天都是明媚的春光。唉！我的表兄，我们这儿比巴黎还要冷一百倍，我们受到各种风的侵袭：有南风，有北风，还有别的什么鬼风，个个争先对我们肆虐。它们争来斗去，看谁有此荣幸能把我们禁锢在房间里；所有的河流都结冰了；罗讷河，这条汹涌湍急的罗讷河，也屈服了；我们桌上的墨水瓶冻结了，我们冻僵的手指不能执笔；我们周围的寺庙覆盖着皑皑白雪，寒气逼人；群山由于超绝的陡峭变得景色迷人；我日日盼望有一位画家能够把这令人畏惧的壮丽景色描绘出来。这就是我们目前的处境。你把这些话转告肖尔内公爵夫人吧，不然她仍然以为我们在这儿打着阳伞、踏着青

草、在桔子树下漫步哩。

(1695 年 2 月 3 日于格里南)

62. 在海边的一个晴朗的冬日

● 惠特曼

前不久，十二月的一天，天气晴朗，我坐上坎登至大西洋城这条老铁路线的火车，历时一个多钟头就到了新泽西的海边，在那里过了一个中午。我出发得很早，一杯美味的浓咖啡和一顿丰盛的早餐使我精力充沛（是我的好姐姐露亲手做的——食物可口之极，容易吸收，使人强壮，后来一整天都称心如意）。最后一段旅途，大约有五、六英里，火车开进了一片广阔的盐泽草地；那里咸水湖交错，小河道纵横。营茅草的香味迎面扑来，使我想起了"麦芽浆"和我家乡南部的海湾。我本可以到了晚上，再到这平展而芬芳的海边大草原尽情地游玩的。从十一点钟到一两点钟，我几乎都在海边，或是在望得见大海的地方，听大海的沙哑的低语，吸入凉爽、使人愉快的清风。先是坐车，车轮在坚硬的沙地上匆匆驶了五英里，却没有什么进展。后来，吃过饭（还有将近一个钟头的余暇），我朝着一个方向走去，（见不到一个人）占有了一间小屋，看样子是海滨浴场的客厅；周围的景色，任我独览——离奇有趣，使人心旷神怡。无遮无挡——我前后左右，都是一片营茅草和磁麻草——空旷，简朴而毫无装饰的空旷。船在远方，再望远处，只能看见一艘向这儿驶来的轮船拖着一缕黑烟：海船，横帆双桅船和纵帆双桅船更是清晰可见，其中大多乘着强劲的风、鼓

扬着船帆。

海上，岸上，都充满了魅力，令人神往！它们的简朴，甚至它们的空旷，多么令人思量不绝啊！它们或间接或直接地在我心中唤起了什么呢？那伸延开去的海浪，白灰色的海滩、海盐，都单调而无知觉——全然没有艺术，没有歌词，没有话语，也不风雅，这冬日却是无法形容地令人鼓舞，冷酷得如此超乎世俗，比我读过的所有的诗、看过的所有的画，听过的所有的音乐都更加深刻而难以捉摸地打动我的感情（但是，我要说句公道话，这也许正是因为我已经读过那些诗，也听过那种音乐吧）。

63. 夜晚

◉ 惠特曼

我又一次从噩梦中惊醒，不用看表我也知道现在正是深更半夜。我辗转反侧，往日的懊恼袭上心头，扰得人心烦意乱。隐约中，我看到天花板上车灯闪过时射进的光亮，耳边传来了这年久失修的旧屋吱吱嘎嘎的声响，我已睡意全无，索性穿衣起来，走到窗前。街灯在黑暗中闪着柔和的光，在地面上勾画出了道道轮廓。一座座房屋掩映了那些正在酣睡的近邻。四面八方安静极了。仰望星空，那远在苍穹的星星似乎在闪烁跳动。我的心中一片宁静。

在宁静中我的孤寂感慢慢消失了。我陶醉在夜晚的美丽和宁静中。天地间的一切都变得如此雄伟，天地相接如此紧密！一种久远而又永恒的美感出现在我的心灵。

深夜是人们睡觉、做梦、情爱的时候，也是犯罪、孤独、恐惧之时。从某种意义上来说，夜晚具有不同的场面，可谓丰富多彩。当我们身心完全陷入那神秘莫测的寂静的夜晚时，有时良知会令人做出某种改变。

暮色苍茫的傍晚是黑夜降临的前端，它是白天与夜晚的相交点。白日的余光在消散，夕阳西下，燃起一片晚霞。微光闪烁，太阳在天空中流连忘返。但是夜幕已首先在山谷和树林中降临。终于，白天的最后一丝光亮也看不见了。在暮色中，隐约传来了火车的汽笛声，可这在白天我们却是听不到的。街灯亮了，它将陪伴人们度过这漫长的黑夜。很快星星就会在那似乎低垂的天际出现，看上去仅在树梢之上。当明月升起的时候，家家户户灯火通明。邻居们慈爱地带着孩子走进屋去。暮色轻轻地抚摸着大地，太阳放出的热量渐渐消失，以至于使我们忘记了时间的流逝。当暮色吞噬了一切的时候，黑夜把我们带入了另一个世界。

人们相互交往之时常常就在夜晚。当人们进入各自的小天地时，他们可以相聚一起，谈天说地。父母下班归来，饱享着家庭的温暖。在寒冷的冬夜，大人们坐在炉火前，孩子们舒适地躺在床上。熄灯前，孩子们能够感受到妈妈正陪伴在身边。

在小山村里，月色使白雪覆盖的大地和山村变换了色彩。农舍都已关闭，鸡也都安静下来。到了晚上，只有少数人随意地出来散步。一切都是那样普通自然。散步者通常不会觉得夜晚宁静的神奇。亨利·大卫是个常在夜晚悠闲漫步者，他写道："静坐在小山顶上，似乎在期待着什么。望着夜空，有时会想到也许天会掉下来，我能抓到什么东西。"夜晚，当我独自一人漫步在童年时的小山村时，我也常常会产生和大卫一样怪异的念头。

在城市里，夜晚是快乐的，但危险和暴力却时常发生。阳光被那些令人眼花缭乱的灯光所取代，影剧院门前的霓虹灯色彩缤纷，城市的欢娱达到狂热的程度。与此同时，戏剧、芭蕾舞给人们带来了美的享受。也有一些人围着餐桌一边愉快地交谈，一边享用着美味佳肴。

进入寂静的前奏曲不过如此。当整个世界安静下来的时候，家家户户熄了灯，温度下降，夜色变浓。午夜的钟声已经传来，也许还有人在外面闲逛，但绝大多数人都已进入梦乡，屈服于那神秘莫测的黑夜。黑夜总是会来临的，这是一种自然的规律，是人类难以控制的。

64. 海边幻想

◉ 惠特曼

童年的我有过幻想、有过希望，想写点什么，也许是一首诗吧。写海岸——那使人产生联想的一条线，那接合点、那汇合处，固态与液态紧紧相联之处——那奇妙而潜伏着的某种东西。

去汉普顿和蒙托克（是在一座灯塔旁边，目所能及，一眼望去，四周一无所有，只有大海的动荡）那次，我记得我的愿望不是写特别的抒情诗、史诗、文学等方面，事实上，给我写作欲望的竟是海岸。

它给我一种看不见的影响，一种作用广泛的尺度。除了海和岸之外，我也不觉地按这同样的标准对待其他的自然力量——避免追求用诗去写它们。它太伟大，不宜按一定的格式去处理——如果我能间接地表现我同它们相遇而且相融了，即便只有一次也已足够，就非常心满意足了——我和它们是真正地互相吸收了，互相了解了。

多年来，我的眼前常出现一种梦想，也可以说是一种图景。尽管这是想象，但我确实相信这梦想已大部分进入了我的实际生活——当然也进入了我的作品，使我的作品成形，给了我的作品以色彩。

那不是别的，正是这一片无垠的白黄白黄的沙地。它坚硬、平坦、宽阔，永不停息地向它滚滚涌来的是气势雄伟的大海，它缓缓冲击，哗啦作响，溅起泡沫，像低音鼓吟声阵阵。这情景，这画面，多年来一直在我眼前浮现，也时常在梦醒时听见、看见它。

65. 日光浴

◉ 惠特曼

1877 年 *8* 月 *27* 日，那是一个星期天，完全没有感到显著的乏力和痛苦。我一瘸一拐地走过这些乡村篱路，慢慢穿过田野。我独自一人在清新的空气中和大自然相对——在这个空旷宽敞、寂无声息、神秘莫测、邈然幽远，然而却又摸之有物、听之有声的大自然中，宁静之气和滋育之物好像真正从天而降，精妙细微地渗到我身体之内。在这十全十美的一天，我自己和景物融而为一了。我在这条清澈的溪流上一瘸一拐地走着的时候，它在一个地方发出那柔和轻悠的汩汩之声，在另一个地方又一落三丈发出那粗糙沙哑的嗡嗡之声，一切都使我心旷神怡。来吧，你们这些愁眉苦脸的人，只要你们愿意，就来享受一下清流溪岸、山林田野一定会赐予的德泽吧。我浸润其中仅仅两个月，而它们就开始使我成为一个新人了：每天都与世隔绝——每天至少有两三个钟头的自由，洗洗澡，不讲话，不看书，一丝不挂，无拘无束，不拘礼节仪容。

尊敬的读者，是不是要我告诉你们，我的健康之所以大大恢复，归功于什么？两年以来我没有用过任何药物，只不过每天都坚持待在露天。去年夏天，我在一条溪流的一边儿，找到了一个小谷，那是一个挖过灰泥的采泥场，现在弃而不用，里面长满了灌木丛、大树、青草，一溜坡地，一丛柳树，还有一道清泉，恰从中间流过，一路上有两三个小小的瀑布。每一个炎热的日子，我都隐居在这里，今夏又照样来此。我在这儿才真正领会到那位老人所说那句话的真正意义。他说，他只有在孤身独处的时候，才觉得不那么孤独。在此以前，我从来没有感到我和大自然之间的这种老习惯，我的铅笔几乎是出于自动，时时记下当时当地的心态、景物、时间、色彩和轮廓。这一个上午是多么值得回忆呀！它是那样宁静、淳朴，那样超尘脱俗，纯出自然。

每天早饭后一个钟头左右，我就前往上面说的那个小谷的幽深去处。在那里，我和一些飞鸟都完全是各得其乐。微微的西南风，正从树冠中吹过。这正是我从头到脚作亚当式空气浴和全身洗刷的恰当地点和恰当时间。因此我把衣服搭在附近的横栏上，头上戴着旧宽边草帽，脚上穿着轻松便鞋，然后我会在两个钟头的工夫里去尽情尽兴地享受一番！首先，我用硬而有弹性的鬃毛刷子把两臂、胸膛和两肋全部刷了一遍，直到它们都发出了猩红的颜色，再在长流不息的溪间清水之中冲洗身体，过上那么几分钟逍遥自在的时光。然后，不时光着脚在旁边黑色的烂泥里走上几步，让两脚作一次滑溜溜的泥浴，又在水晶一般的清澈流水里轻轻地再涮它第二次，第三次，再用带香味的毛巾搓一搓，在太阳底下的青草地上慢慢腾腾、松松散散地来回溜达，偶尔也换个样儿歇一会儿，再用鬃毛刷子刷刷——有的时候，随身带上我那轻便椅子。从这儿挪到那儿，因为我在这儿活动的范围很广，几乎长达 500 米。我觉得很有把握，不会有生人闯进来，而且即使偶然有生人闯入，我也不会觉得有什么不好意思。

当我在草地上慢慢走着的时候，太阳射出的光线足以照出随我行动的身影。周围每一样东西，不知怎么，都变得和我浑然一体了。大自然是赤裸裸的，我也是赤裸裸的。大自然似乎太疏懒，太多抚慰，太愉悦恬静，让人无法琢磨揣测，然而我却认为我们和大地、阳光、大气、树木等等之间永远不会失去的内在亲睦和谐，这并不只是通过眼睛和悟性就能认清，而且是要通过整个的肉身体验才能认清的。我决不用带子将它遮住。在大自然中，正常、恬静的赤身露体啊！城市里可怜的、病态的、淫秽的人类啊，如果能再一次真正认识你该有多好啊！那么，难道赤身露体真是不道德的吗？从天生固有来说，不是。不道德的是你们的思想，你们的恐惧，你们的世故，你们的体面。我们的这种种衣服，不仅穿起来太麻烦，而且本身就不道德，难怪会让人满肚子不高兴了。诚然，也许他或者她对于在大自然中赤身露体那种自由随意、鼓舞兴奋的狂欢极乐，从来就不以为然，那么他或者她也就从来不会真正懂得，什么是纯洁——也不会真正懂得究竟信义或者艺术或者健康真正是什么。

我把我的部分康复，大都归功于前两个夏季中的许多这样的时刻。也许有些善良的人认为那是一个人消磨时光和思考问题的一种轻浮无聊或者半带疯狂的方式。也许是那样吧。

66. 大河

◉ 德富芦花

子在川上曰："逝者如斯夫，不舍昼夜。"

人们面对河川的感情，确乎尽为这两句话所道破。诗人千百言，终不及夫子这句口头语。

海确乎宽大，静寂时如慈母的胸怀；一旦震怒，令人想起上帝的怒气。然而，"大江日夜流"的气势及意味，在海里却是见不着的。

不妨站在一条大河的岸边，看一看那浟浟的河水，无声无息，静静地，无限流淌的情景吧。"逝者如斯夫"，想想那从亿万年之前一直到亿万年之后，源源不绝、永远奔流的河水吧。啊，白帆眼见着驶来了……从面前过去了……走远了……望不见了。所谓的罗马大帝国不是这样流过的吗？啊，竹叶漂来了，倏忽一闪，早已望不见了。亚历山大、拿破仑尽皆如此。他们今何在哉。奔腾流淌着的惟有这河水。

我想，站在大河之畔要比站在大海之滨更能感受到"永远"二字的涵义。

67. 昼夜

◉ 格里斯高

红日西沉，地平线上最后一抹金晖渐渐消失在暮霭的黑幔后面。夜阑姗姗来临了。

白昼以光明，夜阑以黑暗，轮番地叩击我们的生活，在我们的心弦弹拨什么乐曲？日复一日，在我们中间创造的奇妙韵律，富于怎样深厚的意蕴？昼夜有规律的现隐，如同昊天的脉动，我们在其间成长起来。我们的生活领域里难道不曾凝集每日明暗转换的涵义？每年雨季，洪水淹没滩地，到了秋季，滩地从水中升起，为播种储存了足够的养料，雨季和秋季的往返，不曾在滩地一层层地撰写历史？

白昼之后夜的降临，夜阑之后白昼的崛起，这美妙的奇迹，愿我们不被习惯束缚，视而不见！落日在西天倏地合上光的经典，飘然而去；夜阑在太空无数不瞬的星斗面前，用手指无声地翻开新的经典的新的一页。对我们说来，这绝非区区小事。

这极短时光内的变幻，何等奇谲，何等广远！世界顷刻之间那么轻易地从一种意境跨入另一种意境，中间没有对抗，没有死离生别的巨大打击。前者的终止和后者的开端之间显现多么温雅的宁静，多么安详的绮丽！

日光下，万物的差异清晰地裸露在我们眼前。日光拉开人与人之间的距离，精确地测定我们每个人的界限。白天，各自的工作表明我们各自的特点；勤奋工作的摩擦中，难免产生矛盾。白天，我们个个施展才华，力图战胜自己。对我们来说，各自的工作场所，比其他广阔的领域乃至宇宙还要宏阔；事业的引力比其他任何事情的引力要高尚得多。

不久，身着暗蓝罗衫的夜阑悄然来到人世，她纤指轻柔的摩挲，一霎间模糊了我们外在的差别，于是，我们得以在心中体验彼此间广泛的一致性。夜阑是爱情和团聚的吉时。

在夜阑这个特殊的节日，地球回到母亲幽暗的卧房。地球呱呱坠地的黑暗中，光泉涓涓涌流的味暗中，世上昼种演化静静地积蓄着力量，形态各异的疲惫沉浸酣眠的琼浆中，酝酿着新生活，从冷寂幽黑的深处腾跃的璀璨的白昼，有如沧海飞向空中又回归沧海的浪花。黑夜对我们显露的大大多于它所隐藏的。若无黑夜，我们无从获得他世的讯息，日光会把我们囚禁在牢狱里。

黑夜每日一次开启日光的金碧辉煌的西门，引领我们进入宇宙的内宫，把宇宙母亲的一条蓝裙盖在我们身上。儿女偎依母亲的胸怀时，什么也看不见，什么也听不见，但实实在在感觉到母亲温暖的身体，这种感觉较注视和聆听更为真切。同样，阒然无声的夜晚能安静我们的视觉、听觉。我们躺在床上，胸口是那样深切地感受到宇宙和宇宙

母亲。自身的欠缺、能力、职责，不会扩张着形成我们四周的壁垒。强烈的差别感，不会离间我们，使我们处于分隔的状态。宇宙的气息，通过珍贵的静谧扑面而来，床头可以感受宇宙母亲投来的亲切目光。

我们的夜的节日，是隐秘而无处不在的宇宙母亲的寝宫里的节日。我们过节忘却了劳作，忘却了纷争，忘却了怨恼；像乞儿观瞻着她的慈颜，异日同声地说：需要的时候，我向您乞求解饿的食物、工作的勇气、旅行的川资。此刻，摈弃一切需求，我走进您的寝宫，不是来向您伸手的。我盼望您抚摸我，宽宥我，接受我。在你夜的无边大海里沐浴的世界，服饰闪光，额际洁净，屹立在曙光中的时际，让我与他站在一起，毫无倦意，无恼无烦，由衷地说：祝愿大家吉祥如意。我瞻仰了万物中的生存者，我没有贪欲，只享受他施予的供养。

晨，他是我们的父亲。把我们送到外面的工作场所，交代任务。晚上，他是我们的母亲，接我们返回内宅，卸却我们的责任。我们的生活在昼夜两种不同的氛围中运动，亮光和幽暗的画笔，把我们生死的神秘的形象画得异常生动。

68. 利默里克的早晨

● 伯　尔

"利默里克斯"是人们所说的一种几乎类似密码式笑话的诗体，而我们从利默里克这个城市，这个以此种诗体命名的城市获得了一个欢快的印象：趣味盎然的诗句，笑声朗朗的姑娘，种种的风笛乐音，回旋在大街小巷上的欢声笑语。这种种欢快，我们在都柏林到利默里克之间的公路上领略了许多许多：各种年龄的学生——有一些赤着脚——欢快地漫步在十月的雨天里。他们从各条小路上走来。人们看到，他们远远地从篱笆之间泥泞的小路上走来，汇聚到一起，就像涓滴汇进小沟，小沟流入小溪，小溪流入小河——间或有汽车驶入他们中间，仿佛驶人一条河流，河水心甘情愿地分开。当汽车经过一个较大的村镇时，那一段公路忽然空旷了，但是随后这涓涓滴滴又重新汇聚到一起：爱尔兰的学生们你推我挤，相互追逐。他们的衣着往往很奇特：色彩缤纷而又拼接在一起。不过，即使他们并不欢快，也至少都很坦然。他们就这样在雨地里跋涉好几英里，又在雨地里走回来，手中握着棒球棍，书本用一条带子捆扎着。在 180 公里的车路上，尽管下雨，汽车一直穿行在多数赤着脚、衣裳破旧的爱尔兰学生中间。但几乎所有的学生看上去都那么欢快。

假如在德国有人对我说：路属于马达，那么，我认为在这里这句话是亵渎神明的。在爱尔兰我曾多次打算说：路属于牛；确实，牛被打发到牧场去，像孩子们上学一样自由随便。它们成群结队地涌上公路，傲慢地围着隆隆作响的汽车踱步。于是司机在这里就有了机会表现他们的幽默，锻炼他们的镇定，检验他们的灵敏技巧。他小心翼翼地驶近牛群，不无胆怯地挤进仁慈让出的狭窄通道，直到他赶上并超过最前头的那只牛，才可以加大油门并声称自己走运，因为他逃脱了一次危险。还有什么事情比刚刚经历过的风险更激动人心，更称得上是能激起不胜感激之情的兴奋剂呢？因此，爱尔兰的司机总是习惯于感恩戴德的人。他不得不经常为他的生命、他的权利和他的速度而斗争：同学生和牛斗争。他将永远无法把那冠冕堂皇的口号——"路属于马达"——印入脑海中。路属于谁的问题，在爱尔兰还远远不能作出定论——而路是多么漂亮啊：墙壁、树木、墙壁和篱栅。爱尔兰墙下的石头足够建造一座巴别塔。不过，爱尔兰的废墟表明，动工兴建这座塔是毫无意义的。不管怎样，这些漂亮的路不属于马达。它属于

正在使用它的人和为使它畅通无阻而给自己机会表现灵敏技巧的人。有一些路属于驴子。驴，逃学的驴，它们在爱尔兰成群结伙，在栅栏周围吃来吃去，屁股对着驶过的汽车，忧伤地观赏着风景。不管怎样，路不属于马达。

牛、驴和孩子们的坦然、欢快，我们在都柏林和利默里克之间领略了许多。此外，还联想到利默里克斯诗体；谁在接近利默里克市时不想像它是一个欢快的城市呢？路被欢快的学生，持重的牛以及沉思的驴统治过之后，忽然又空荡荡的。孩子们似乎到了学校，牛进了草地，驴子也似乎被劝告遵守秩序了。阴云从大西洋那边堆过来，利默里克的街道上昏暗了，空旷了；白色的只有放在门前的牛奶瓶，几乎过白了一些。划破天空阴暗的海鸥，白而肥胖的海鸥云团，支离破碎的白块，这一切在一瞬间汇合成更大的一块白。绿莹莹闪烁在八世纪、九世纪乃至远古的古老墙垣上的是或苔，而二十世纪的墙与那那些八世纪的墙几乎没有差别：它们也布满了苔鲜，也是断壁残垣。在肉店里闪烁着又红又白的整扇牛肉，那里，学龄前的利默里克孩子们显示出他们的创造天赋：紧紧抓住猪脚、牛尾，在肉块中间荡着秋千；露出苍白的面孔。爱尔兰的孩子们真有办法。但他们是这个城市唯一的居民吗？

我们把汽车停在教堂附近，慢悠悠地走在阴暗的街道上。古老的河桥下，混浊的香农河水滚滚流去。这条河对于这个城市来说是过长、过宽、过于汹涌了。孤寂向我们袭来，还有来自苦药、古培以及许许多多看上去像为判处死刑的人准备了好久的白得刺眼的牛奶瓶的悲哀、荒凉；连那些在没有灯光的肉店里嚼着肉块上打秋千的孩子们看上去也跟幽灵似的。有一个办法可以对付这在陌生的城市突然袭来的孤寂：买点东西。买一张明信片，一块口香糖，一枝铅笔或者几枝香烟。通过买东西的方法，手上得到一点什么，进入这个城市的生活。不过，

在利默里克这里，在星期四上午十点半钟的时候，能够买到东西吗？我们会不会忽然从梦中醒来，发觉自己雨中立在荒野什么地方"的汽车旁，而利默里克市就像海市蜃楼——雨中的海市蜃楼那样消失不见呢？牛奶瓶白得如此刺眼，尖叫的海鸥也不如它白。

利默里克旧城与新城的比例如城市之岛与巴黎其他部分之比，而利默里克旧城与城市之岛相比大约是一比三，利默里克新城与巴黎之比大约是一比二百。丹麦人、诺曼底人，最后才是爱尔兰人占据了这块美丽而阴暗的香农河清地区。苍老的桥梁把浊流滚滚的香农河两岸连接在一起。在桥头接岸的地方，人们让一座纪念碑矗在一块石头上，或者说让一块石头落在纪念碑的底座上。在这块石头处，曾经宣誓保障爱尔兰人的宗教活动自由，曾经为此签订过一项协定，而后来又由英国议会废除了。因此，利默里克获得了一个别名：废除协定之城。

在都柏林有人对我们说："利默里克是世界上最虔诚的城市。"我们本应该看看日历，以便弄清楚，为什么街上空荡荡，牛奶瓶没有开启，商店里空无一人？利默里克在教堂里，星期四上午十一时左右。突然，在我们来到新利默里克中心之前，教堂的门打开了，街上人满了，牛奶瓶从门前取走了。简直像一次征服，利默里克人占领了他们的城市。连邮局也开了门，银行打开了它的出纳窗口。五分钟以前，我们还似乎是在一个荒无人烟的中古城市里漫步，现在一切都令人不安地正常化了，亲切而又富于人情味。

为了保证我们在这个城市里的生存，我们采购了各式各样的东西：香烟、肥皂、明信片和一副拼图游戏板。我们吸着烟，唤着肥皂，写着明信片，包装好拼图游戏板，欢快地来到邮局。显然这里还有一点小小的停滞。首席邮政小姐还没有从教堂归来，下属的小姐不能澄清理应澄清的问题：250克的印刷品（拼图游戏板）寄到德国需要多少钱。这小姐求援似地望望闪烁在烛光中的圣母玛丽亚像。但是，玛丽

亚默不作声,她仅仅在微笑,而这微笑的意思是:忍耐。奇特的秤出现了,奇特的秤,绿得刺眼的海关登记表也展示在我们面前,查询簿子打开又合上,而唯一的答案是:忍耐。我们忍耐着。又有谁十月份从利默里克把拼图游戏板作为印刷品寄往德国呢?又有谁不知道,四旬斋虽然不是全天但也是多半天的节假日呢?

后来,拼图游戏板早已躺在信箱里,我们还看到在严厉而忧郁的眼睛中露出的怀疑态度:阴郁闪动在蓝蓝的眸子里,在大街上出售圣像的吉普赛女郎的眸子里,在旅馆女经理的眸子里,在出租汽车司机的眸子里。这是环绕在玫瑰花周围的尖刺,插在世界上最虔诚的城市心房上的箭。

69．阴天

◉ 泰戈尔

每天忙忙碌碌,身旁人来人往。总以为忙了一天,谈了一天,日暮黄昏,两天的事情了结,懒得再探究内心残余的情感了。

今天早晨,乌云层层覆盖晴空的胸廓。面前又是一天的工作,周围又簇拥着一群人。蓦地,我觉得心底蕴藏的情感,是无法表露的。

人能够渡过沧海,翻越高山,在地层凿洞,窃得奇珍异宝。但一个人向另一个人倾吐隐情,是绝对做不到的。

阴云密布的上午,我心宫里幽禁的感情奋翼欲飞。里面有人发问:"扫荡心空的雨云、掠夺沛然甘霖、和我朝夕相处的人儿在何方?"

我听见内囚的情感猛摇心扉的锁链。我暗问自己:"我该做些什么?谁的召唤下,我的心志高擎乐曲之灯,跨越事务的栅栏,与外面的世界相会？谁的眼神的暗示下，我散乱的愁楚一瞬间联成一串闪耀着煜煜金辉的欢乐？谁给我美妙歌曲，我把一切施舍给谁，但那可怜的乞儿站在哪个十字路口？"

我心中积郁的痛苦，披上游方僧的储色道袍，企望踏上琐事之外的道路。这路质朴得像一根单弦，但在哪个心上人的步履下弹奏呢？

70. 春天的遐想

◉ 泰戈尔

直到今日，我承认我与树木的亲谊是有着悠久历史的。

我一直反对不分时间地点的紧张工作。森林女神自古是我们的亲姐姐，今天邀请我们这些小弟弟进入她的华堂，为我们描吉祥痣。我们如同见亲人般与她们拥抱，捧着泥土在凉荫下消度时光。我欢迎春风欢快地掠过我的心田，但不要卷起林木听不懂的心语。直至杰特拉月下旬，我把在泥土、清风、空气中濯洗、染绿的生活播布四方，然后静立在光影之中。

然而，所有的工作还得继续进行，文债的账簿在面前摊开着。落入世风的庞大机器和杂事的陷阱，春天来了，依旧动弹不得。

这种经常的现状逼得我站出来大声疾呼，与世界脱离并不能表明你的光荣，人伟大是因为人中间蕴藏世界的全部神奇。人在固体中是固体，在树木中是树木，在飞禽走兽中是飞禽走兽。自然王宫的每座殿堂对他都是敞开的，但敞开又怎样？一个个季节从各个殿堂送来的请柬，人如果拒绝收下，坐在椅子上，丝毫不动，那博大的权利如何获得？做一个完整的人，需和万物浑然交融，人为何不记住这一点，

却把人性当做叛逆世界的一面小旗而高高举起？为何一再骄傲地宣称："我不是固体，我不是植物，我不是动物，我是人。我只会工作、批评、统治、反叛？"为何不说："我是一切，我与世界融为一体，我属于世界，独居不是我的本意。"

哎，社会的笼中鸟！今天，高天的蔚蓝如思妇的瞳仁中浮现的梦幻，树叶的葱绿像少女秀额似的新奇，春风像团圆的热望一样活跃，可你敛起翅翼，绕足琐事的锁链叮当作响。

人生便是如此！

71. 生活在大自然的怀抱里

◉ 卢　梭

我每天都早起，为的是能在自家的花园里看日出。如果这是一个晴天，我最殷切的期望是不要有信件或来访者扰乱这一天的清静。

上午的时间我会用来处理各种杂事。每件事都是我乐意完成的，因为这都不是非立即处理不可的急事。我狼吞虎咽地吃饭，为的是躲避那些不受欢迎的来访者，并且使自己有一个属于自己的下午。

即使最炎热的日子，在中午一点钟前我也顶着烈日带着小狗芳夏特出发。我加紧了步伐，担心刚出门便被不速之客拦住去路。可是，一旦绕过一个拐角我觉得自己得救了，就激动而愉快地松了口气，自言自语地说："我可以自己拥有这个下午了！"接着我迈着平静的步伐，到树林中去寻觅一个荒野的角落，一个人迹不至因而没有任何奴役和统治印记的荒野的角落，一个只有我才能找到的幽静的角落，那儿不会有令人厌恶的第三者跑来横隔在大自然和我之间。那儿我可以

随意饱览大自然为我展开的华丽图景。金色的燃料木、紫红的欧石南非常繁茂，映入我的眼帘，出入我的脑中，使我欣悦；我头上树木的宏伟、我四周灌木的纤丽、我脚下花草惊人的纷繁使我眼花缭乱，不知道应该观赏还是赞叹。这么多美好的东西竞相吸引我的注意力，使我在它们面前留步，从而助长我懒惰和爱空想的习惯，使我常常想："世界上最辉煌的所罗门和它们之中任何一个相比，也会自愧不如。"

我开始为这片美好的土地构想。我按自己的意愿在那儿立即安排了居民，我把舆论、偏见和所有虚假的感情远远驱走，使那些配享受如此佳境的人迁进这大自然的乐园。我将把他们组成一个亲切的社会，而我自己却不敢加入这个美妙的社会；我按照自己的喜好建造一个黄金的世纪，并用那些我经历过的给我留下甜美记忆的情景和我的心灵还在憧憬的情境充实这美好的生活。我多么神往着这样一个社会的建成，如此甜美、如此纯洁、如此远离人类的快乐。每每我如此的幻想，我的眼泪就夺眶而出。啊！这个时刻，如果有关巴黎、我的世纪、我这个作家的卑微的虚荣心的念头来扰乱我的遐想，我就会怀着无比的厌恶将它们甩掉，使我能够专心陶醉于这些充溢我心灵的美妙的感情。然而，在遐想中，我承认当我沉醉于自己的幻想中时，我会突然地想哭。甚至即使我所有的梦想变成现实，我也不会感到满足，到时我会有新的梦想、新的期望、新的憧憬。我感到自己的身心有种莫名的空虚，有一种虽然我无法阐明但我感到需要的对某种其他快乐的向往。然而，这种向往也是一种快乐，因为我从中找到了心酸的浪漫——而这都是我不愿意舍弃的东西。

我尽可能地将自己的思想从低升高，转向自然界所有的生命，转向事物普遍的体系，转向主宰一切的不可思议的上帝。我神志不清地迷失于大千世界里，停止思维，停止冥想，停止哲学的推理；我怀着快感，感到肩负着宇宙的重压。许许多多伟大观念呈现于脑里，我喜

欢任由我的想像在空间驰骋；我禁锢在生命的疆界内的心灵感到这儿过分狭窄，我在天地间不能呼吸，我希望投身到一个无限的世界中去。我相信，如果我能够洞悉大自然所有的奥秘，我也许不会体会这种令人惊异的心醉神迷，而处在一种没有那么甜美的状态里。我的心灵所沉醉的这种出神入化的佳境使我在亢奋激动中有时高声呼唤："啊，我的老天！啊，我的老天！"但除此之外，我讲不出任何话来。